消費税の実務事例Q&A

金井 恵美子

**プロでも迷う課否判定、
仕入税額控除、
納税義務の判定等の
重要事例を厳選**

裁判例・裁決例を
題材にした実務事例で、
消費税特有の理論を丁寧に解説

税務経理協会

はしがき

　2012年8月から2018年3月にかけて，月刊税経通信に連載した「イチからはじめる消費税実務の基礎」は，消費税の基本的ルールを理解するための入門編と，実務において具体的な判断を行う実力を養う事例編とで構成しました。

　100を超える実務事例Q&Aの多くは，裁判事例又は裁決事例を題材にしています。税務争訟は，個別の行政処分を取り消して納税者を救済するかどうかを判断するものですから，法令の趣旨と課税要件を明らかにするとともに，事実関係を確認する作業が欠かせません。いきおい裁決文，判決文は，事実を詳細に記録した膨大な文書となります。実務事例Q&Aは，そのような裁決文又は判決文から，判断のポイントとなった要素を抽出し，実務に役立つQ&Aに仕立てたものです。Q&Aの末尾には，作成の題材となった税務争訟がわかるように，日税連税法データベースTAINZのコードを示しています。また，筆者が税理士として処理した事例，あるいは他の税理士からの相談事例を整理して作成したQ&Aをこれに加えました。事例ごとに，法令の解釈と適用を丁寧に解説しています。

　本書は，これらの実務事例Q&Aのうち，特に有用と考えられるものを厳選し，2019年1月1日現在の法令にアップデートして収録したものです。

　本書が，税理士，税理士事務職員，企業の経理担当者の方々が消費税に関する判断を行う際に，その一助になれば幸いです。

　連載から本書の刊行まで長きにわたりご尽力いただいた税務経理協会のみなさまに，心から御礼申し上げます。

2019年1月

税理士　金井　恵美子

目　　次

はしがき

第1章　課否判定

QUESTION 1　所得税において対価補償金の取扱いを受ける移転補償金 …………… 2
QUESTION 2　賃貸用マンションの物納 ………… 9
QUESTION 3　第三者へのゴルフ会員権の譲渡 ………… 12
QUESTION 4　使用料収入を横領された会議室の貸付け ………… 15
QUESTION 5　保証債務を履行するために行った土地建物の譲渡 ……… 19
QUESTION 6　組合員に賦課した一般賦課金 ………… 21
QUESTION 7　交通事故の損害金 ………… 26
QUESTION 8　商品を引き取らせた場合の損害賠償金 ………… 27
QUESTION 9　出向と労働者派遣 ………… 30
QUESTION 10　宗教法人が行う絵画の譲渡 ………… 34
QUESTION 11　事業と称するに至らない不動産の貸付け ………… 36
QUESTION 12　事業に附随する行為 ………… 39
QUESTION 13　日本以外の2か国で登録されている特許権の譲渡 ……… 41
QUESTION 14　役員退職金として車両を現物支給した場合 ………… 45
QUESTION 15　1か月未満の期間の土地の貸付け ………… 47
QUESTION 16　助産施設として利用されていた建物の譲渡 ………… 51
QUESTION 17　フリースクール事業 ………… 53
QUESTION 18　ビール券と引換えに行うビールの販売 ………… 56
QUESTION 19　外国法人から受ける売掛金の遅延損害金と売掛債権の譲渡収入 ………… 59
QUESTION 20　契約どおりに船積みできなかった取引 ………… 63

QUESTION 21	仕入先から国外に直送させる自動車部品の販売① ……… 68
QUESTION 22	仕入先から国外に直送させる自動車部品の販売② ……… 73
QUESTION 23	輸出証明がない取引 …………………………………………… 75
QUESTION 24	外国船舶の乗組員に対する土産品等の販売……………… 78
QUESTION 25	外国から原材料を無償支給され製品に加工する取引 …… 81

第2章　資産の譲渡等の時期

| QUESTION 26 | 固定資産である建物の譲渡の時期 ………………………… 86 |
| QUESTION 27 | 対価の額が確定していない売上げの計上時期 …………… 91 |

第3章　仕入税額控除

QUESTION 28	道路建設の負担金 …………………………………………… 96
QUESTION 29	会計参与の報酬 ……………………………………………… 100
QUESTION 30	採石のための土地の購入 …………………………………… 103
QUESTION 31	軽油引取税相当額の支払いに係る仕入税額控除 ………… 107
QUESTION 32	土地及び建物を一括取得した場合の対価の区分 ………… 110
QUESTION 33	調剤薬局が仕入れた医薬品の用途区分 …………………… 114
QUESTION 34	その課税期間に非課税売上げが生じなかった賃貸建物の用途区分 …………………………………… 120
QUESTION 35	建設途中で住宅の貸付けの用に供することとなった課税仕入れの用途区分 ………………… 123
QUESTION 36	支払遅延損害金を収受した場合の課税仕入れの用途区分 ……………………………………… 127
QUESTION 37	災害の被災者に提供した自社製品製造費用の用途区分 … 129
QUESTION 38	共通対応分の課税仕入れ等に係る控除税額の計算方法 … 133
QUESTION 39	「合理的な基準による区分」……………………………… 134
QUESTION 40	ビルの建築費の「合理的な基準による区分」…………… 136

目　次

QUESTION 41	「合理的な基準による区分」の撤回を求める更正の請求	138
QUESTION 42	「課税売上割合に準ずる割合」	142
QUESTION 43	「課税売上割合に準ずる割合」の申請手続	144
QUESTION 44	「課税売上割合に準ずる割合」の不適用の時期	146
QUESTION 45	「課税売上割合に準ずる割合」と「合理的な基準による区分」の適用関係	147
QUESTION 46	たまたま土地の譲渡があった場合	149
QUESTION 47	過年度の課税仕入れ	152
QUESTION 48	輸入に係る消費税の仕入税額控除	154

第4章　簡易課税制度

QUESTION 49	材料の有償支給を受けている場合の簡易課税制度の計算	160
QUESTION 50	第1期から適用する簡易課税制度の継続適用期間	165
QUESTION 51	簡易課税制度選択届出書を提出した後に高額特定資産の仕入れ等を行った場合	169
QUESTION 52	税理士の病気と簡易課税制度選択届出に係る「やむを得ない事情」	171

第5章　売上返還税額控除

QUESTION 53	土地付き建物の値引き販売	178
QUESTION 54	消費者に対するキャッシュバックサービス	182

第6章　納税義務の判定

QUESTION 55	納税義務の有無の判定の基本的な考え方	186
QUESTION 56	委託販売の受託者の課税売上高	188
QUESTION 57	月の末日に設立した場合の第1期の月数	191

QUESTION 58	第1期の期中に増資した場合の新設法人の判定 ………… 198
QUESTION 59	第2期の期首に減資した場合の新設法人の判定 ………… 202
QUESTION 60	相次相続の場合の納税義務の判定 …………………………… 205
QUESTION 61	不動産賃貸事業を承継する相続人が
	確定しない場合の納税義務 ………………………………… 208
QUESTION 62	不動産賃貸事業につき遺産分割が
	行われた年の納税義務 ……………………………………… 212
QUESTION 63	不動産賃貸事業につき相続があった年に
	遺産分割が行われた場合の納税義務 ……………………… 214
QUESTION 64	土地の貸付けを行っている個人が建物の貸付けを
	開始した場合の課税事業者の選択 ………………………… 217
QUESTION 65	課税資産の譲渡等に係る事業を開始した日 ……………… 220
QUESTION 66	免税事業者が還付申告をした場合の
	過少申告加算税の賦課 ……………………………………… 223
QUESTION 67	物品販売業を廃止した翌年に開始した不動産賃貸 ……… 227
QUESTION 68	事業者でない者が提出した
	課税事業者選択届出書の効力 ……………………………… 231

第7章　リバースチャージ方式

QUESTION 69	外国人タレント等に支払うギャランティ ………………… 238
QUESTION 70	インターネットを利用して行う海外市場調査 …………… 241
QUESTION 71	海外の研究室における電子ジャーナルの購入 …………… 245
QUESTION 72	リバースチャージ適用の判断時期 ………………………… 248

【凡　例】

本書で使用している主な法令等の略語は，次のとおりです。

略語表記	法令及び通達等
消法	消費税法
消令	消費税法施行令
消規	消費税法施行規則
消基通	消費税法基本通達
通則法	国税通則法
所法	所得税法
法法	法人税法
法基通	法人税基本通達
相法	相続税法
措法	租税特別措置法
措通	租税特別措置法関係通達
税制抜本改革法	社会保障の安定財源の確保等を図る税制の抜本的な改革を行うための消費税法の一部を改正する等の法律
関税定率令	関税定率法施行令
憲法	日本国憲法
宅建法	宅地建物取引業法

【例】　消法2①：消費税法第2条第1項

　　　※　本書の内容は，平成31年1月1日現在の法令・通達等によっています。

第1章
課否判定

QUESTION 1

所得税において対価補償金の取扱いを受ける移転補償金

　私は、このたび、県が行う都市計画事業のために、事業の用に供していた土地を収用されました。

　また、この土地上の店舗建物については、これを移転する必要があり、建物移転補償金を受けましたが、実際には建物を移転することなく取り壊しました。

　この移転補償金は、所得税において、対価補償金として取り扱われると確認しました。そうすると、消費税においても、建物の対価補償金となり、課税資産の譲渡等の対価として課税されるのでしょうか。

　なお、補償金の内訳は、「公共事業用資産の買取り等の申出証明書」に、「建物等移転補償2億円（消費税等相当額14,814,814円）」と記載されています。

ANSWER

1　制度の趣旨

(1)　土地収用制度

　憲法は、「財産権は、これを侵してはならない」（憲法29①）として個人の財産権を保障する一方で、同条3項において、「私有財産は、正当な補償の下に、これを公共のために用ひることができる」と規定し、公共事業を実施するために必要がある場合、正当な補償があることを条件として私有財産を収用できる旨を定めています。

　公共事業を行う起業者は、土地の所有者やその土地についての借地権等の正当な権利を持つ者及びその土地上にある物件の権利者と話し合って用地買収をしますが、その権利者等の理解が必ずしも得られるわけではありません。そこで、公共の利益となる事業を実施するために必要と認められるときには、個々

QUESTION 1　所得税において対価補償金の取扱いを受ける移転補償金

の権利者等の意思に反することになっても，その土地の利用を可能にするため，公共事業の遂行と私有財産の保護という2つの利益の調整をする土地収用制度が設けられています。

(2)　**移転の補償**

　道路拡張のための土地の収用においては，収用の対象になるのは，原則としてその事業に必要な土地だけです。土地上に建物等が存在する場合は，その建物等を他へ移転させなければなりません。その場合に企業者は「移転料の補償」として移転補償金を支払います（土地収用法77）。

　ただし，物件を移転することが著しく困難であるとき，又は物件を移転することによって従来利用していた目的に供することが著しく困難となるときは，その所有者は，その物件の収用を請求することができるものとされています（土地収用法78）。

土地収用法

第77条（移転料の補償）

　収用し，又は使用する土地に物件があるときは，その物件の移転料を補償して，これを移転させなければならない。この場合において，物件が分割されることとなり，その全部を移転しなければ従来利用していた目的に供することが著しく困難となるときは，その所有者は，その物件の全部の移転料を請求することができる。

第78条（移転困難な場合の収用請求権）

　前条の場合において，物件を移転することが著しく困難であるとき，又は物件を移転することに因って従来利用していた目的に供することが著しく困難となるときは，その所有者は，その物件の収用を請求することができる。

第79条（移転料多額の場合の収用請求権）

　第77条の場合において，移転料が移転しなければならない物件に相当するものを取得するのに要する価格をこえるときは，起業者は，その物件の

収用を請求することができる。

第80条（物件の補償）

　前２条の規定によつて物件を収用する場合において，収用する物件に対しては，近傍同種の物件の取引価格等を考慮して，相当な価格をもつて補償しなければならない。

2　所得税の取扱い

　土地収用法その他の法律で収用権が認められている公共事業のために資産を収用される場合には，次の補償金を受けることとなります。

① 　対価補償金：収用等された資産の対価となる補償金
② 　収益補償金：資産を収用等されることによって生ずる事業の減収や損失の補填に充てられるものとして交付される補償金
③ 　経費補償金：事業上の費用の補填に充てるものとして交付される補償金
④ 　移転補償金：資産の移転に要する費用の補填に充てるものとして交付される補償金
⑤ 　その他の補償金

　個人が，これらの補償金を受ける場合には，その補償金の額は，所得税において，各種所得の金額の計算上，原則として収入金額に算入されます。

　ただし，その収用された資産が棚卸資産その他これに準ずる資産でない場合には，対価補償金について，次の２つの特例があります。

(1) 収用等に伴い代替資産を取得した場合の課税の特例

　その収用に係る対価補償金により同種の資産に買い換えた場合において，その代替資産の取得が収用等のあった日から２年以内に行われるなど所定の要件を満たすときは，対価補償金等の額が代替資産の取得価額以下である場合にはその収用等による譲渡はなかったものとし，対価補償金等の額が代替資産の取得価額を超える場合にはその超える部分の金額を収入金額

QUESTION 1　所得税において対価補償金の取扱いを受ける移転補償金

> として譲渡所得の金額を計算することができる（措法33）。
>
> (2) 収用交換等の場合の譲渡所得等の特別控除
> 　買取り等の申出があった日から6か月を経過した日までに譲渡するなど所定の要件を満たす場合には、上記(1)の特例を受ける場合を除き、最高5,000万円までの特別控除を適用して譲渡所得又は山林所得の金額の計算をすることができる（措法33の4）。

　(1)は課税の繰延べですが、(2)は実質的な非課税であり、後年の所得金額の計算に影響することはありません。

　これらの特例は、対価補償金に限り適用されるものですが、収益補償金、経費補償金、移転補償金であっても、次の下線部分に示すとおり、対価補償金として、上記(1)又は(2)の特例の対象となる場合があります（措通33-8、33-9、33-11、33-13～15、33-30）。

補償金の種類	所得税の取扱い
① 対価補償金	譲渡所得の金額又は山林所得の金額の計算上、上記(1)又は(2)の特例の適用がある。
② 収益補償金	その交付の基因となった事業の態様に応じ、不動産所得の金額、事業所得の金額又は雑所得の金額の計算上、総収入金額に算入する。 　ただし、建物の収用等を受けた場合で建物の対価補償金がその建物の再取得価額に満たないときは、その満たない部分を対価補償金として取り扱うことができる。
③ 経費補償金	● 休廃業等により生ずる事業上の費用の補填に充てるものとして交付を受ける補償金は、その補償金の交付の基因となった事業の態様に応じ、不動産所得の金額、事業所得の金額又は雑所得の金額の計算上、総収入金額に算入する。 ● 収用等による譲渡の目的となった資産以外の資産（棚卸資産等を除く。）について実現した損失の補填に充てるものとして交付を受ける補償金は、山林所得の金額又は譲渡所得の金額の計算上、総収入金額に算入する。 　ただし、事業を廃止する場合等でその事業の機械装置等を他に転用できないときに交付を受ける経費補償金は、対価補償金として取り扱うことができる。

④ 移転補償金	その交付の目的に従って支出した場合は，その支出した額については，総収入金額に算入しない（その費用に充てた金額のうち各種所得の金額の計算上必要経費に算入され又は譲渡に要した費用とされる部分の金額に相当する金額を除く。）。 ただし，建物等を引き家又は移築するための補償金を受けた場合で実際にはその建物等を取り壊したとき及び移設困難な機械装置の補償金を受けたときは，対価補償金として取り扱うことができる。 また，借家人補償金は，対価補償金とみなして取り扱う。
⑤ その他対価補償金の実質を有しない補償金	その実態に応じ，各種所得の金額の計算上，総収入金額に算入する。 ただし，改葬料や精神的補償など所得税法上の非課税に当たるものは課税されない。

なお，法人税においても同様に，収益補償金，経費補償金又は移転補償金を対価補償金として取り扱う通達があります（措通64(2)−1，64(2)−2，64(2)−5，64(2)−7〜9，64(2)−21）。

3 消費税の取扱い

(1) 対価補償金の範囲

　国内において事業者が行った資産の譲渡等は消費税の課税の対象となり（消法4①），資産の譲渡等とは，事業として対価を得て行われる資産の譲渡及び貸付け並びに役務の提供をいうものとされています（消法2①八）。

　ここで，「資産の譲渡」とは，資産につきその同一性を保持しつつ他人に移転することをいい，単に資産が消滅したという場合はこれに含まれません（消基通5−2−1）。消費税法は，権利等の資産の譲渡により付加価値が移転することをとらえて消費税の課税対象としているからです。

　収用に当たっては，収用後の事業に支障をきたすことがないように，収用の対象となった資産に係る一切の権利関係を白紙にしておく必要があります。そのため，資産が土地収用法等に基づき収用される場合，その資産の所有権その他の権利はいったん消滅し，起業者（収用者）がその権利を原始取得するものと解されています。したがって，収用は，その資産につきその同一性を保持し

QUESTION 1　所得税において対価補償金の取扱いを受ける移転補償金

つつ他人に移転するものではないので，本来，「資産の譲渡」には当たりません。しかし，起業者がその権利を取得し，その資産をそのまま使用するという実態に着目すれば，実質的には資産の譲渡と変わらないことから，消費税法施行令2条2項は，「所有権その他の権利を収用され，かつ，当該権利を取得する者から当該権利の消滅に係る補償金を取得した場合には，対価を得て資産の譲渡を行ったものとする。」と定めています。

　これは，消費税の課税対象の範囲を定める規定であって，租税法律主義における課税要件法定主義の観点から厳格な解釈によるべきです。したがって，施行令2条2項に規定する「補償金」とは，収用の目的となった資産の所有権その他の権利を取得する者から，原権利者の権利が収用によって消滅することの対価として支払われる補償金（対価補償金）に限られ，その資産の移転に要する費用の補填に充てるために支払われる補償金（移転補償金）はこれに含まれないこととなります。

(2)　**所得税との違い**

　上記2に示すとおり，所得税においては，建物の移転補償金であっても，その建物を取り壊したときは，その補償金をその建物の対価補償金として取り扱うことができます。これは，建物を移転させて再度これを使用することが事実上困難な場合，被収用者は，収用等に伴い代替資産の取得を余儀なくされることから，解釈通達において，課税の特例の対象とすることを認めたものです。このような所得税の特例に関する通達は，消費税の課税対象の範囲を画することについて影響を及ぼすものではありません。

(3)　**証明書の記載**

　また，「公共事業用資産の買取り等の申出証明書」には，その内訳として消費税等の金額が明示されていますが，移転補償金は，建物を移転するのに要する費用の額の全てを補填するための補償金ですから，補償金の積算根拠として移転に係る費用について生じる消費税等の額が示されていると解するべきでしょう。したがって，「公共事業用資産の買取り等の申出証明書」に消費税等の金額が示されていても，それにより，移転補償金が資産の譲渡等の対価とな

るものではありません。

　したがって，貴方は，土地の収用に対して支払われた対価補償金は非課税売上高とし，建物の移転に対して支払われた移転補償金は課税対象外の収入として，納付すべき消費税額を計算することになります。

(4) 収用の請求が認められた場合

　ただし，本来移転すべき建物であっても，土地収用法78条に規定する収用の請求が認められ，収用された場合には，起業者が収用の後にこれを利用することなく取り壊すものであっても，その補償金は，消費税法施行令2条2項に規定する「権利の消滅に係る補償金」に該当します。

> 【参照】
> ・　札幌地裁平成17年11月24日判決【税務訴訟資料　第255号－327（順号10208）】【日税連税法データベース（タインズ）コードＺ255－10208】

QUESTION 2

賃貸用マンションの物納

　私は，一昨年に亡くなった父から賃貸用不動産数件を相続し，不動産貸付業を営む消費税の課税事業者です。

　父の相続においては，遺産の大半が不動産であり現金がほとんどなかったことから，マンション1棟の物納を申請しました。このマンションは，物納申請後も賃貸していましたが，空室状態であることが物納の条件の1つになっていたことから，入居者に退去してもらい，入居者が退去した日から2か月後に物納が許可されました。

　このマンションを物納に充てる行為は，相続税の納付を行うものですから，消費税の課税の対象とはならないと考えていますが，よろしいでしょうか。

　なお，建物の物納許可額は6,000万円及び土地の物納許可額は7,000万円となっています。

ANSWER

1　物納の課税関係

　国内において事業者が行った資産の譲渡等は，消費税の課税の対象となります（消法4①）。

　資産の譲渡等とは，事業として対価を得て行われる資産の譲渡及び貸付け並びに役務の提供をいい，対価を得て行う資産の譲渡には，代物弁済による資産の譲渡も含まれます（消法2①八）。ここでいう「代物弁済による資産の譲渡」とは，債務者が債権者の承諾を得て，約定されていた弁済の手段に代えて他の給付をもって弁済する場合の資産の譲渡をいうものと解されています（消基通5-1-4）。

　相続税の物納は，相続税について金銭により納付することを困難とする事由

がある場合に，納税義務者の申請により税務署長の許可を得て，金銭に代えて不動産等をもって相続税の納付に充て租税債務を消滅させるものです（相法41①）。したがって，物納も，債務者が債権者の承諾を得て，その債権の目的物に代えて他の給付で債務を消滅させるとの要件を充足し，代物弁済に当たることになります。

また，消費税法施行令2条3項は，資産の譲渡等には，「その性質上事業に付随して対価を得て行われる資産の譲渡及び貸付け並びに役務の提供」を含むものと規定しており，「その性質上事業に付随して対価を得て行われる資産の譲渡及び貸付け並びに役務の提供」とは，事業活動の一環として又はこれに関連して行われるものであり，事業の用に供している建物等の譲渡は，事業として対価を得て行う資産の譲渡に該当するものと解されています（消基通5－1－7）。貴方が物納に充てたマンションは，賃貸の用に供されていたものでした。物納許可の2か月前に入居者を退去させ空室状態となりましたが，それはマンションを空室状態にすることが物納の許可の条件であったことからなされたもので，事業用資産が遊休状態になっているだけであり，そのマンションは，貴方が営む不動産貸付業の用に供している資産であることに変わりがないものと認められます。

したがって，このたび行った物納は，課税事業者である貴方が，不動産貸付業の用に供しているマンションを代物弁済により譲渡したものである，ということになります。事業の用に供している資産の譲渡は事業付随行為であり，その譲渡の原因にかかわらず事業として対価を得て行う資産の譲渡等に該当すると解されるので，その譲渡が相続税を納付するためのものであったとしても，消費税の課税の対象となる資産の譲渡等に該当することとなります。

また，所得税においては，物納は譲渡所得の課税要件である「資産の譲渡」に該当するものの，租税特別措置法により非課税とされています（措法40の3）。しかし，消費税法には物納による資産の譲渡等が非課税に該当する旨の規定はありません。したがって，建物の物納は課税資産の譲渡等に該当し，土地の物納は，非課税資産の譲渡等に該当することになります（消法6①，別表

QUESTION 2 賃貸用マンションの物納

第一1）。

2 対価の額

　代物弁済による資産の譲渡について，その対価の額は，その代物弁済により消滅する債務の額に相当する金額とされています（消令45②一）。

　したがって，物納により消滅する相続税の額，すなわち物納許可額をもって資産の譲渡等の対価の額とするものとなり，この物納に係る課税売上げの額は建物の物納許可額6,000万円であり，非課税売上げの額は土地の物納許可額7,000万円です。

【参照】
・　平成12年10月11日裁決【裁決事例集第60集575頁】【日税連税法データベース（タインズ）コードJ60－5－46】

QUESTION 3

第三者へのゴルフ会員権の譲渡

　法人Xは，預託金会員制ゴルフ会員権について，ゴルフクラブを経営する法人Aに対し，預託金の返還を請求し裁判で争っていましたが，法人Aから，預託金の返還を受けることに代えて，ゴルフ会員権取引業者である法人Bに対しゴルフ会員権を譲渡してその譲渡代金を受け取るという和解案が提示されました。これは，法人Aが直接預託金の返還を行えば，預託金の償還を求める会員が殺到することが想定され，そのような事態を避けるための提案と思われます。

　そこで，法人Xは，預託金の返還という取引形態にこだわる必要もないと考え，法人Aの和解案を受諾し，法人Bと譲渡契約を締結して譲渡代金を受け取りました。その後，この会員権は，法人Bから法人Aに譲渡されています。

　法人Xが受領した金員は，形式上は譲渡の対価となっていますが，実質的には預託金の返還であるから，課税資産の譲渡等の対価には該当しない，と判断してよろしいですか。

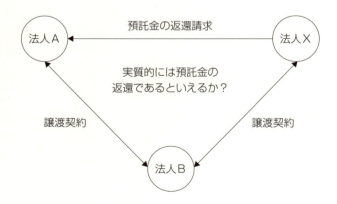

QUESTION 3　第三者へのゴルフ会員権の譲渡

ANSWER

1　課税の対象

　国内において事業者が行った資産の譲渡等は消費税の課税の対象となり（消法4①），資産の譲渡等とは，事業として対価を得て行われる資産の譲渡及び貸付け並びに役務の提供をいうものとされています（消法2①八）。

　ここでいう「資産」とは，取引の客体となり得る経済的価値を有するもの一切を指し，有体物に限らず，無形の財産権を含みます。また，「譲渡」とは，資産につきその同一性を保持しつつ，他人に移転させることと解され（消基通5-2-1），その典型例は売買による所有権の移転です。

　預託金会員制ゴルフ会員権の法的性質は，ゴルフ場施設の優先的利用権，預託金返還請求権及び会費納入の義務等が一体となった契約上の地位と解され，法人が対価を得てこれを譲渡した場合には，課税の対象となります。

2　預託金の返還に代えてゴルフ会員権を譲渡した場合

　一定の経済的目的を達成しようとする場合，私法上は複数の手段，形式が考えられることがあります。そのうちどのような法的手段，法的形式を用いるかについては，私的自治の原則ないし契約自由の原則によって選択の自由が認められ，その判断によって特定の法的手段，法的形式を選択した以上，課税要件が充足されるか否かの判断も，その手段，形式に即して行われるべきです。

　もっとも，ある法的・経済的目的を達成するための法的形式としては著しく迂遠複雑なものであって，社会通念上，到底その合理性を是認できないと客観的に判断される場合には，その有効性が問題となり得ますが，その場合であってもその法律行為が無効とされるのは，租税法にその旨の規定がある場合や，相手方との通謀虚偽表示等と認められる場合に限られるべきでしょう。そして，その成否については，その法律行為を行った当事者の目的，それに至る経緯，これによって享受することとなった効果などを総合して，判断されることになります。

法人Xが行ったゴルフ会員権の譲渡は，預託金の返還を求めた訴訟の係属中に，被告である法人Aから提案された和解案に起因するものです。法人Aから直接預託金の返還を受けず，法人Bとの譲渡契約の形式を取ることにした背景には，預託金の返還という形式を取ると，他の会員からの預託金返還請求が殺到し，ゴルフクラブの経営が危機に瀕しかねないという法人Aの判断があったとのことですが，他方で，法人Xにおいても，投下資本をできる限り多く回収したいとの意図があり，そのためには，法形式としては預託金返還にこだわらず，第三者への譲渡であってもかまわないとの判断がありました。また，法人Bも，法人Aとの関係で，法人Xとの取引が売買であることを前提とした事後措置を講じています。
　そうすると，法人X，法人A及び法人Bのそれぞれにおいて，譲渡契約という表示行為に対応した内心的効果意思が存在したということになると思われます。法人Xが法人Bに対してゴルフ会員権を譲渡することによって，紛争を終了させることで当事者は合意しており，すなわち，当事者によって譲渡契約が選択されたのであり，消費税の課税関係もこれに則して判断することになります。
　したがって，法人Xが行ったゴルフ会員権の譲渡は，消費税の課税の対象となる資産の譲渡等に該当し，受領した金員は，資産の譲渡等の対価に該当します。

【参照】
・　名古屋高裁平成18年1月25日判決【税務訴訟資料　第256号－22（順号10282）】【日税連税法データベース（タインズ）コードZ256－10282】

QUESTION 4

使用料収入を横領された会議室の貸付け

　法人Ｘは，会議室を時間貸ししてその使用料を受ける事業を行っています。規約では，予約の際に使用料の10％を予約金として収受し，使用後に精算して残金を収受することとなっており，その支払方法は，法人Ｘが指定する銀行口座に送金する方法又は，クレジットカード決済等，キャッシュレス決済による方法に限っています。

　ところが，この会議室を管理する使用人Ａが，過去３年間にわたって，一定の顧客について現金支払いをさせ，横領していたことが発覚しました。法人Ｘは，警察に被害届を提出し，横領した金員の返還を求める訴えを起こしています。

　この横領事件について，消費税の課税関係はどうなるのでしょうか。

ANSWER

1　課税の対象

　国内において事業者が行った資産の譲渡等は，消費税の課税の対象となります（消法４①）。「資産の譲渡等」とは，事業として対価を得て行われる資産の譲渡及び貸付け並びに役務の提供をいいます（消法２①八）。

　これらの規定から，国内取引に係る消費税の課税の対象は，次の４つの要件を満たすものであるということができます。

① 国内において行ったものであること
② 事業として行ったものであること
③ 対価を得ていること
④ 資産の譲渡及び貸付け並びに役務の提供であること

　また，資産の譲渡等のうち，消費税法６条１項の規定により法別表第一に掲げられた非課税以外のものを「課税資産の譲渡等」といいます（消法２①九）。

2　資産の譲渡等の時期

　国税通則法15条2項7号は，消費税について，課税資産の譲渡等をした時に納税義務が成立すると定めていますが，課税資産の譲渡等をした時がいつであるかについて，実体法上，直接の定めはありません。また，消費税の課税の対象は「国内において事業者が行った資産の譲渡等」（消法4①）であり※，資産の譲渡等とは，「事業として対価を得て行われる資産の譲渡及び貸付け並びに役務の提供」（消法2①八）をいいます。

　　※　特定資産の譲渡等に該当するものを除きます。また，特定仕入れも課税の対象となります。

　これらの規定から，資産の譲渡等は，取引の相手方に対する財やサービスの提供と，それに伴う対価の獲得という事実が発生した時に認識することになります。実務上は，消費税法基本通達第9章「資産の譲渡等の時期」に示された基準に従い，取引の態様に応じた判断を行っています。

　そして，消費税法基本通達9－1－20は，「資産の賃貸借契約に基づいて支払を受ける使用料等の額（前受けに係る額を除く。）を対価とする資産の譲渡等の時期は，当該契約又は慣習によりその支払を受けるべき日とする。」としています。

3　横領された金員の課税関係

　法人Xは，自らの事業として会議室の貸付けを行い，顧客はその使用料を法人Xに対して支払っています。この一連の取引は，上記1①～④の全ての要件を満たし，非課税にも該当しないことから法人Xが行う課税資産の譲渡等に該当します。

　法人Xは，使用人Aに，顧客から収受した会議室の貸付けに係る使用料を3年間にわたって横領され，未だ入金されない状況です。しかし，これらはいずれも，消費税法上，法人が行う取引について，課税の対象となるかどうかの判断を行う基準にはなりません。

　したがって，法人Xは，使用人Aに横領されたという事実にかかわらず，ま

QUESTION 4　使用料収入を横領された会議室の貸付け

た，その横領された金員が返還されるか否かにかかわらず，顧客に対する会議室の貸付けにつき，貸し付けた日において，課税資産の譲渡等を認識することになります。

過去３年間に横領されていた金額について，貸付けがあった日の課税売上げに計上して修正申告を行うことを検討するべきでしょう。

なお，使用人Ａから受ける金員の返還は，使用人Ａが不当に管理下に置いていた法人Ｘの金員を法人Ｘに返還するものであり，その返還につき消費税の課税関係は生じません。

4　返還を免除した場合

消費税は，有償取引に限り課税することとしています。いったん課税売上げに計上したものにつき，その対価の額を領収することができないこととなった場合には，結果的に，「対価を得て」という課税の対象となる要件に欠けることとなるため，その領収することができないこととなった部分に係る消費税額を控除して，売上げに係る消費税額の修正を行う必要があります。

そこで，消費税法39条は，課税資産の譲渡等の相手方に対する売掛金等につき更生計画認可の決定により債権の切捨てがあったこと等の事実が生じたため，その課税資産の譲渡等の税込価額の全部又は一部の領収をすることができなくなったときは，その領収をすることができないこととなった日の属する課税期間において，貸倒れに係る消費税額の控除をする旨を定めています。

法人Ｘが横領された使用料について，貸倒れに係る消費税額の控除の適用を受けることができるかどうかを検討してみましょう。会議室を使用した顧客は，法人Ｘに対して，すでに使用料を支払っています。たとえ，法人Ｘが，使用人Ａの資力その他の状況から，横領された金員の返還を断念した場合であっても，それは，「その課税資産の譲渡等の税込価額の全部又は一部の領収をすることができなくなった」場合に該当するものではありません。したがって，貸倒れに係る消費税額の控除の適用を受けることはできません。

5 横領された金員の源泉徴収

社会福祉法人の理事長が法人の金員を横領した場合の法人の源泉徴収義務の存否を争った事件において，大阪高裁平成15年8月27日判決は，次のように示し，理事長が横領した金員を賞与と認めて行われた納税告知処分は適法であると判断しています。

> 乙（理事長）に反対する理事はおらず，乙の指示は絶対的であって，乙がワンマン代表者として被控訴人協会を実質的に支配していた。そして，被控訴人協会の定款においても，理事長である乙のみが同協会を代表し，乙のみが同協会の資産を管理していたといえるから，結局，乙の権限は，包括的であって，被控訴人協会に対し実質的に全面的な支配権を有していたものということができる。
>
> 本件金員は，いずれも，当時，被控訴人協会の代表者であった理事長の乙の意思に基づいて，…被控訴人協会の本件金員が同協会から乙の口座へ送金されたことが明らかである。
>
> 乙の被控訴人協会における地位，権限，実質的に有していた全面的な支配権に照らせば本件金員の移動，すなわち，被控訴人協会の金員を同協会から乙の口座へ送金したことは，同協会の意思に基づくものであって，被控訴人協会が乙に対し，経済的な利得を与えたものとみるのが相当である。

この判決に照らせば，法人Xの経営や支配について権限のない使用人Aが行った横領は，法人Xの意思に基づく行為であるとは認められず，横領があったことをもって直ちに法人Xに源泉徴収の義務が生じるものではないと考えられます。

ただし，法人Xが使用人Aに対し，横領した金員の返還を免除したような場合には，源泉徴収の義務について，あらためて検討する必要があります。

QUESTION 5

保証債務を履行するために行った土地建物の譲渡

　私は，店舗ビルを賃貸する消費税の課税事業者であり，法人Aの取締役です。

　法人Aの金融機関から借入れについて連帯保証人となっていましたが，法人Aが倒産したことにより保証債務の履行を求められ，やむなく自宅と店舗ビルを売却しました。

　この売却について，所得税においては譲渡所得の特例の適用があり課税されないと確認しましたが，消費税はどうなるのでしょうか。

ANSWER

　国内において事業者が行った資産の譲渡等は消費税の課税の対象となり（消法4①），資産の譲渡等とは，事業として対価を得て行われる資産の譲渡及び貸付け並びに役務の提供をいうものとされています（消法2①八）。

　資産の譲渡等に該当するかどうかは，その原因を問わず，他の者の債務の保証を履行するために行う資産の譲渡又は強制換価手続により換価された場合の資産の譲渡であっても，そのことによって課税の対象から除かれるものではありません（消基通5－2－2）。

　貴方は，自宅と賃貸の用に供している店舗ビルとを売却しました。自宅は事業用の資産ではないので，その売却は消費税の課税の対象となりません。しかし，店舗ビルは事業用資産ですから，たとえその譲渡が保証債務を履行するためであっても課税の対象となり，建物の売却は課税資産の譲渡等に該当し，土地の売却は非課税資産の譲渡等に該当します。

　所得税においては，保証債務を履行するため資産の譲渡を行った場合において，その履行に伴う求償権の全部又は一部を行使することができないこととなったときは，その行使することができないこととなった金額を譲渡の対価の

貸倒れの金額とみなして，譲渡所得の金額の計算上，その収入はなかったものとすることとされています（所法64②）。しかし，消費税法には，この取扱いに見合う規定はありません。

　ところで，消費税法39条は，課税資産の譲渡等の相手方に対する売掛金等につき更生計画認可の決定により債権の切捨てがあったこと等の事実が生じたため，その課税資産の譲渡等の税込価額の全部又は一部の領収をすることができなくなったときは，その領収をすることができないこととなった日の属する課税期間において，貸倒れに係る消費税額の控除をする旨を定めています。消費税は，有償取引に限り課税することとしていますが，いったん課税売上げに計上したものにつき，その対価の額を領収することができないこととなった場合には，結果的に，「対価を得て」という課税の対象となる要件に欠けるため，その領収することができないこととなった部分に係る消費税額を控除して，売上げに係る消費税額の修正を行うものです。

　貴方は，店舗ビルの売却に際してその対価を受領しています。その上で，これを法人Ａの債務の弁済に充て，その不利益を法人Ａから償還請求する権利，求償権が行使不能となったものですから，貸金の貸倒れと同じ位置付けとなり，貸倒れに係る消費税額の控除の適用を受けることはできません。

QUESTION 6

組合員に賦課した一般賦課金

　組合Xは，組合員店舗として利用する共同施設の設置及び運営等を行うことを目的とする中小企業等協同組合法3条1項に規定する事業協同組合です。

　定款は，組合が組合員に対し，組合の維持管理に係る費用の分担金としての賦課金（一般賦課金）を課すことを定め，これを受けた管理規程は，一般賦課金は均等割と面積割からなるものと定めています。具体的な金額は，過年度の実績から算出した事業費と一般管理費の年間支出予算額を基礎に，均等割は各組合員において同額，面積割は各組合員の売場等面積を基準として各階によって売上げに影響があること等を考慮して，格差を設けて調整計算しています。

　この一般賦課金は，定款において「組合の維持管理に係る費用の分担金」と位置付けられているため，資産の譲渡等の対価に該当しないと判断してよろしいですか。

ANSWER

1 会費の取扱い

　消費税法4条1項は，国内において事業者が行った資産の譲渡等には消費税を課す旨を規定し，この資産の譲渡等は，事業として対価を得て行われる資産の譲渡及び貸付け並びに役務の提供と規定されています（消法2①八）。

　同業者団体，組合等がその構成員から受ける会費，組合費等について，消費税法基本通達（消基通）は次のように整理しています。

> （会費，組合費等）
>
> 5－5－3　同業者団体，組合等がその構成員から受ける会費，組合費等

については、当該同業者団体、組合等がその構成員に対して行う役務の提供等との間に明白な対価関係があるかどうかによって資産の譲渡等の対価であるかどうかを判定するのであるが、その判定が困難なものについて、継続して、同業者団体、組合等が資産の譲渡等の対価に該当しないものとし、かつ、その会費等を支払う事業者側がその支払を課税仕入れに該当しないこととしている場合には、これを認める。

> （注）1　同業者団体、組合等がその団体としての通常の業務運営のために経常的に要する費用をその構成員に分担させ、その団体の存立を図るというようないわゆる通常会費については、資産の譲渡等の対価に該当しないものとして取り扱って差し支えない。
>
> 　　　2　名目が会費等とされている場合であっても、それが実質的に出版物の購読料、映画・演劇等の入場料、職員研修の受講料又は施設の利用料等と認められるときは、その会費等は、資産の譲渡等の対価に該当する。
>
> 　　　3　資産の譲渡等の対価に該当するかどうかの判定が困難な会費、組合費等について、この通達を適用して資産の譲渡等の対価に該当しないものとする場合には、同業者団体、組合等は、その旨をその構成員に通知するものとする。

また、同業者団体等の構成員が共同事業に要した費用を賄うための負担金、賦課金等についての整理は、次のとおりです。

> **（共同行事に係る負担金等）**
> 5－5－7　同業者団体等の構成員が共同して行う宣伝、販売促進、会議等（以下5－5－7において「共同行事」という。）に要した費用を賄うために当該共同行事の主宰者がその参加者から収受する負担金、賦課金等については、当該主宰者において資産の譲渡等の対価に該当する。ただし、当該共同行事のために要した費用の全額について、その共同行事への参加

QUESTION 6　組合員に賦課した一般賦課金

> 者ごとの負担割合が予め定められている場合において，当該共同行事の主宰者が収受した負担金，賦課金等について資産の譲渡等の対価とせず，その負担割合に応じて各参加者ごとにその共同行事を実施したものとして，当該負担金，賦課金等につき仮勘定として経理したときは，これを認める。
> 　（注）　この取扱いによる場合において，当該負担金，賦課金等により賄われた費用のうちに課税仕入れ等に該当するものがあるときは，各参加者がその負担割合に応じて当該課税仕入れ等について法第30条《仕入れに係る消費税額の控除》の規定を適用することになる。

　これらの通達は，同業者団体等がその構成員から収受する会費，負担金等の対価性を判断するに当たり，その団体等の内部自治を考慮しつつ，団体等が構成員に対して行う役務の提供内容に着目して具体的な判断を行うという取扱いを明らかにしたものといえます。

2　組合Xの一般賦課金

　組合Xは，各組合員から，面積割と均等割とからなる一般賦課金を徴収しています。

　この一般賦課金の徴収が資産の譲渡等に該当するか否かを判断するに当たっては，その賦課金を構成する個々の内容が資産の譲渡等に該当するか否かを検討しなくてはなりません。

　一般賦課金の内容をなす年間支出予算額には，事業費と一般管理費があり，この中には，組合Xが建物を所有し，店舗として各組合員に利用させることに関連して生ずる費用，組合Xの通常の業務運営のために経常的に要する費用などが含まれています。これを各組合員の側からみると，各組合員が負担する一般賦課金の中には，各組合員が組合所有の建物の一部を店舗として利用することに伴う利用料や，組合を維持管理するため組合員として拠出すべき負担金などが混在しているものということができます。

(1) 面積割による賦課金

　一般賦課金のうち面積割による賦課金は，各組合員の売場等面積に応じて計算され，各階によって売上げに影響があること等を考慮して格差を設けて調整計算されており，各組合員が組合所有の建物を店舗として利用するに当たっての対価としての性質を持つものと考えるべきでしょう。したがって，面積割に係る賦課金は，組合Xが各組合員に対して行う役務の提供との間に対価関係があると認められ，資産の譲渡等の対価に該当することになります。

(2) 均等割による賦課金

　他方，均等割により計算された賦課金は，一般賦課金のうち建物の利用の対価としての部分を除外した部分であると解され，各組合員から公平に同額を徴収しているものであることなどからすると，組合の存立を図るための通常会費であり，役務の提供に係る対価には該当しないことになります。

　また，仮にこの均等割に係る賦課金の中に消費税の課税対象となる資産の譲渡等に該当するものが一部含まれていたとしても，対価関係にあるものとそうでないものを明確に区分し，判定することは困難です。したがって，この部分については，消基通5－5－3により，組合Xが継続して資産の譲渡等の対価に該当しないものとし，かつ，組合員も課税仕入れに該当しないとしている場合には，これが是認されることになります。

(3) 共同行事に要した費用の負担

　ところで，一般賦課金のうち組合Xが共同行事に要した費用等に係る賦課金収入を仮勘定として経理していない場合には，その賦課金収入は消基通5－5－7の定めにより，課税取引となると考える向きがあるかもしれません。しかし，仮に，均等割の賦課金の中に，仮受金として処理されていない共同行事に要した費用等に係る賦課金収入が含まれているとしても，対価関係にあるものとそうでないものを明確に区分し判定することは困難であり，消基通5－5－3により，均等割の賦課金の全額が資産の譲渡等の対価に該当しないものと認められます。

QUESTION 6　組合員に賦課した一般賦課金

【参照】
・　平成10年11月27日裁決【日税連税法データベース（タインズ）コード　Ｆ０－５－057】

QUESTION 7

交通事故の損害金

　法人Xは，所有する運送用車両が交通事故にあい，この車両を廃車しました。加害者及び加害者が加入する自動車保険会社との話し合いの結果，車両の損害及びレッカー代170万円，休車の損害40万円，合計210万円の損害賠償金を受け取りました。消費税は課税されるのでしょうか。

ANSWER

　消費税法4条1項は，国内において事業者が事業として対価を得て行った資産の譲渡等には，消費税を課する旨規定しています。

　ここにいう「資産の譲渡」とは，資産につきその同一性を保持しつつ，他人に移転させることで，課税資産の譲渡等に対し反対給付を受けることと解されます（消基通5－2－1）。

　したがって，損害賠償金のうち，心身又は資産につき加えられた損害の発生に伴い受けるものは，資産の譲渡等の対価に該当しません。ただし，その実質が資産の譲渡等の対価に該当すると認められるものは資産の譲渡等の対価に該当することになります（消基通5－2－5）。

　法人Xは，事故にあった車両を廃車しており，その実質が資産の譲渡等の対価に該当すると認められるものには該当しません。交通事故の損害の賠償として受け取った損害金は，法人Xの事業用資産に加えられた損害の発生に伴い，その損害を補填するものとして受け取ったものですから，資産の譲渡等の対価に該当せず，消費税は課税されません。

【参照】
・　平成11年3月25日裁決【日税連税法データベース（タインズ）コードA0－5－069】

QUESTION 8

商品を引き取らせた場合の損害賠償金

　法人Xは，貨物の保管，流通加工，入出荷配送，在庫管理等の総合的なロジスティック事業を行う会社です。

　缶詰食品の製造販売を行うA社との契約では，A社から缶詰を預かり，これを倉庫で管理，保管するほか，A社の指示に従い，自社の作業場での贈答用の箱詰めを行います。また，A社の各販売店への配送等を行っておりますが，その配送は，B社に外注しています。

　先日，A社の販売店への配送中に，B社のトラックが事故を起こしました。検品作業を行ってみると，食品として使用することに問題はありませんが，パッケージに破損があり，通常の販売はできないため，A社との契約に従い，販売価格の70％相当額の弁償金を支払いました。

　法人Xは，これらの商品をB社に引き取らせた上で，A社に支払った金額と，別途，検品作業に要した費用相当額をあわせて損害賠償金としてB社に請求することとしました。B社は，これを了承し，引き取った缶詰は安価で社内販売する等，福利厚生に利用しています。

　法人XがA社に支払った損害賠償金及びB社から受け取る損害賠償金の消費税の取扱いはどうなりますか。

ANSWER

1　損害賠償金の課税関係

　消費税法4条1項は，国内において事業者が事業として対価を得て行った資産の譲渡等には，消費税を課する旨規定しています。

　損害賠償金のうち，心身又は資産につき加えられた損害の発生に伴い受けるものは，損失補償や逸失利益の補填を目的としており，資産の譲渡又は貸付け，あるいは役務の提供の対価ではありません。ただし，例えば，次に掲げる損害

賠償金のように，その実質が資産の譲渡等の対価に該当すると認められるものは資産の譲渡等の対価に該当することになります（消基通5－2－5）。

① 損害を受けた棚卸資産等が加害者（加害者に代わって損害賠償金を支払う者を含む）に引き渡される場合で，当該棚卸資産等がそのまま又は軽微な修理を加えることにより使用できるときに当該加害者から当該棚卸資産等を所有する者が収受する損害賠償金
② 無体財産権の侵害を受けた場合に加害者から当該無体財産権の権利者が収受する損害賠償金
③ 不動産等の明渡しの遅滞により加害者から賃貸人が収受する損害賠償金

また，消費税法30条1項は，事業者が国内において課税仕入れを行った場合には，その課税仕入れを行った日の属する課税期間の課税標準額に対する消費税額から，その課税期間中に国内において行った課税仕入れに係る消費税額を控除する旨を規定しています。ここにいう，「課税仕入れ」とは，事業者が，事業として他の者から資産を譲り受け，若しくは借り受け，又は役務の提供を受けることであり，当該他の者が事業として当該資産を譲り渡し，若しくは貸し付け，又は当該役務の提供をしたとした場合に課税資産の譲渡等に該当することとなるものに限るものとしており，役務の提供からは，所得税法28条1項に規定する給与等を対価とする役務の提供が除かれ，課税資産の譲渡等のうち，輸出免税の取扱いを受けるものが除かれます（消法2①十二）。

したがって，事業者が損害賠償金を支払った場合には，その損害賠償金の支払いは，原則として課税仕入れに該当しません。ただし，受領する者において資産の譲渡等の対価に該当すると認められる損害賠償金は，その支払いをする者において，課税仕入れに係る支払対価の額に該当することになります。

2 法人XがB社から受け取る損害賠償金

法人XがB社から受ける損害賠償金は，次の2つに区分して検討する必要があります。

1つは，商品を引き取らせ，法人XがA社に支払った商品の弁償金と同額を

QUESTION 8　商品を引き取らせた場合の損害賠償金

請求した部分です。事故によって傷ついた商品を引き取らせた場合，その商品が使用に耐えないものである場合には，事故処理の一環として廃棄物を引き取らせるものであり，消費税の課税の対象にはなりません。

しかし，B社に引き渡した缶詰は，パッケージが破損したため通常の販売ができないと判断されたものの，食品として使用することに問題はなく，現にこれを引き取ったB社においては，安価で社内販売する等，福利厚生に利用しています。したがって，消費税法基本通達5－2－5に示された「損害を受けた棚卸資産等が加害者に引き渡される場合で，当該棚卸資産等がそのまま又は軽微な修理を加えることにより使用できるとき」に該当し，法人Xにおいては，その損害賠償金を引き渡した商品の対価と認識して，その商品の課税売上げを計上することになります。

また，もう1つは，検品に要した費用の額として別途請求した部分です。B社へは，商品の弁償金とは別に，法人Xにおいて行った作業に係る費用相当額として請求しています。この検品作業は，法人XがA社との間で，事故の処理をどのように行うかを交渉するために必要であったことから行ったものであり，B社に対する役務の提供ではありません。したがって，この損害賠償金は，引き取らせた商品の対価ではなく，またB社に対する役務の提供の対価でもなく，B社が起こした事故に起因して法人Xに生じた損失を補填するものとして受領する損害賠償金ですから，消費税の課税の対象にはなりません。

3　法人XがA社に支払う損害賠償金

法人Xが荷主であるA社に支払った損害賠償金は，「そのまま又は軽微な修理を加えることにより使用できる」商品の引渡しとその対価の授受と整理することになり，A社においては資産の譲渡等の対価であり，したがって法人Xにおいては，その商品の課税仕入れについて支払った対価となります。

QUESTION 9

出向と労働者派遣

　法人Xは，労働者派遣事業を営むことを目的の1つに掲げる株式会社であり，A町との間で業務委託契約を締結し，従業員をA町の運転業務等に従事させています。

　A町は，総人件費の抑制を図るため計画的に職員の定員削減に努めており，運転業務等については，原則として退職不補充とすることとしているため，法人Xが業務を受託することになりました。

　A町の業務に従事する従業員に係る社会保険及び雇用保険は，法人Xを事業主として加入し，法人Xが給与を支給しています。法人XがA町から受ける対価は，従業員に係る給与等の額と同額の施設援助負担金とその他の管理費としての業務委託料とに区分されています。

　法人Xにおいて，施設援助負担金を出向料受入額として消費税の課税対象外の収入とし，業務委託料を課税売上高とすることが認められるでしょうか。

　なお，業務委託契約書においては，（イ）委託業務の実施中生じた従業員の災害については法人Xがその責めを負うものとする旨，（ロ）出向職員が，業務上その責に帰する事由により，A町又は第三者に及ぼした損害については，法人Xが負担するものとする旨がそれぞれ記載されており，A町は，従業員に対し，服務規程等に規定する身分証明書を交付していません。

ANSWER

1　消費税の課税の対象

　消費税法4条1項は，国内において事業者が行った資産の譲渡等には，消費税を課する旨を規定しています。また，2条1項8号は，資産の譲渡等とは，

事業として対価を得て行われる資産の譲渡及び貸付け並びに役務の提供をいうと定めています。ここにいう事業とは、自己の計算と危険において資産の譲渡及び貸付け並びに役務の提供が反復、継続、独立して行われるものと解され、個人が雇用契約又はこれに準ずる契約に基づき他の者に従属し、かつ、当該他の者の計算により行われる事業に役務を提供する場合は、事業に該当しないことから、資産の譲渡等に該当しません。

2　出向の取扱い

　消費税法基本通達5－5－10は、「事業者の使用人が他の事業者に出向した場合において、その出向した使用人（出向者）に対する給与を出向元事業者が支給することとしているため、出向先事業者が自己の負担すべき給与に相当する金額（給与負担金）を出向元事業者に支出したときは、当該給与負担金の額は、当該出向先事業者におけるその出向者に対する給与として取り扱う。」としています。ここにいう、出向とは、出向者が、出向元事業者との関係でも出向先事業者との関係でも雇用関係に基づき勤務する形態です。

　したがって、出向先事業者から出向元事業者に対して支出される出向者の給与相当額が、たとえ負担金等の名目で支出されていたとしても、その負担金は、雇用関係に基づき出向者から受ける労務の提供に対する対価の支払い、すなわちその出向者の労務の提供に対する実質的な対価とみるべきで、出向者に対する給与として取り扱うのが合理的であると考えられます。

3　労働者派遣の取扱い

　また、消費税法基本通達5－5－11は、「労働者の派遣（自己の雇用する労働者を当該雇用関係の下に、かつ、他の者の指揮命令を受けて、当該他の者のために労働に従事させるもので、当該他の者と当該労働者との間に雇用関係のない場合をいう。）を行った事業者が当該他の者から収受する派遣料等の金銭は、資産の譲渡等の対価に該当する。」としています。労働者の派遣は、派遣先が、派遣労働者から労働の提供を受け、派遣元に対して派遣料を支払うとい

う点では出向に類似しています。しかし、労働者の派遣では、派遣先と労働者との間に雇用関係は存せず、派遣先は、労働者に対して給与の支払義務を負っていないので、派遣料に給与としての性格を見いだすことはできません。

したがって、派遣料は、派遣元が派遣先に対して人材を派遣するという役務の提供に対する対価として取り扱うのが合理的であると考えられます。

4 給与負担金と派遣料との峻別

出向又は労働者の派遣において、労務の提供を受ける事業者が支出する金員が、給与負担金又は派遣料のいずれに該当するかは、労働者とその労務の提供を受ける事業者との間の雇用関係の存否により判断することになります。

雇用関係の存否は、「出向」又は「派遣」という名称によることなく、労働者と労務の提供を受ける事業者との間の労働関係の実態により、その事業者が労働者に対する指揮命令権を有していること、その事業者が賃金の全部又は一部の支払いをすること、その事業者の就業規則の適用があること、その事業者が独自に労働者の労働条件を変更することがあること、その事業者において社会・雇用保険へ加入していること等を総合的に勘案して判断することになります。

5 施設援助負担金と業務委託費の取扱い

A町は、総人件費の抑制を図るため計画的に職員の定員削減に努めており、運転業務等については、原則として退職不補充とすることとし、新たに職員を採用することができない状況にありました。

雇用関係の存否は、上述のとおり、業務に従事する従業員とA町との間の労働関係の実態により判断することになりますが、

① 従業員の給与は法人Xから支給されていること
② 従業員に係る社会保険及び雇用保険は、法人Xを事業主として加入していること
③ 業務委託契約書において、

（イ）　委託業務の実施中生じた従業員の災害については法人Ｘがその責めを負うものとする旨
　　（ロ）　出向職員が，業務上その責に帰する事由により，Ａ町又は第三者に及ぼした損害については，法人Ｘが負担するものとする旨
　　がそれぞれ記載されていること
　④　従業員に対しては，Ａ町の職員に適用される服務規程等に規定する身分証明書が交付されていないこと

などを総合的に判断すると，従業員は，法人Ｘとの間の雇用関係に留まり，Ａ町との間には，雇用関係が存していたとは認められません。

　そうすると，法人Ｘは，自己と雇用関係にある従業員をＡ町の指揮命令を受ける業務に従事させたのであり，Ａ町に対し，従業員の派遣を行っているということになります。

　したがって，出向料受入額が従業員に係る給与等の額と一致していたとしても，実質的に給与等そのものであるということはできず，従業員がＡ町の業務に従事することの対価である施設援助負担金（出向料受入額）及び業務委託料は，いずれも法人ＸがＡ町に対して人材を派遣するという役務の提供に対する対価であり，課税資産の譲渡等の対価に該当します。

【参照】
・　平成26年７月31日裁決【日税連税法データベース（タインズ）コード　Ｆ０－５－142】

QUESTION 10

宗教法人が行う絵画の譲渡

　法人Xは，宗教法人であり，境内地に隣接する駐車場の時間貸しを行っていることから，法人税の納税義務があり，消費税についても課税事業者として申告納税を行ってきました。

　このたび，宗教活動を行う会館の建設資金を得るために，所有している絵画を1億4,000万円で売却しました。この絵画は宗教活動から生ずる収入を取得資金として購入したものであり，保有期間を通してこの絵画を使用して収入を得たことはなく，その売却収入は全て宗教活動の資金となります。したがって，この絵画の譲渡は，宗教活動の一環と考えています。

　また，消費税法基本通達5－1－1は，消費税法2条1項8号に規定する「事業として」とは，対価を得て行われる資産の譲渡及び貸付け並びに役務の提供が反復，継続，独立して行われることをいう旨を定めていますが，法人Xは，今後，絵画の売却を行う予定はありません。

　したがって，この絵画の譲渡は消費税の課税対象とならないと判断していますが，よろしいでしょうか。

ANSWER

　法人Xは，この絵画の譲渡は単発的に行ったものであり，宗教活動の一環として行ったものであると考えられることから，消費税の課税の対象とならないものと判断しています。しかし，これらはいずれも，消費税法上，法人が行う取引について，課税の対象となるかどうかの判断を行う基準にはなりません。

　消費税法は，「国内において事業者が行った資産の譲渡等には，消費税を課する。」と定め（消法4①），「資産の譲渡等」は，「事業として対価を得て行われる資産の譲渡及び貸付け並びに役務の提供」と定めています（消法2①八）。

　これらの規定から，国内取引に係る消費税の課税の対象は，次の4つの要件

を満たすものであるということができます。
① 国内において行ったものであること
② 事業として行ったものであること
③ 対価を得ていること
④ 資産の譲渡及び貸付け並びに役務の提供であること

　課税の対象となる要件の１つである「事業として」について、消費税法基本通達５－１－１は、対価を得て行われる資産の譲渡及び貸付け並びに役務の提供が反復、継続、独立して行われることをいうとしていますが、これは、個人事業者について、事業として行った場合と事業として行ったものでない場合とを整理するための基準を明らかにしたものです。法人については、法人自体が事業を行う目的で設立されることから、法人が行う資産の譲渡及び貸付け並びに役務の提供は、独立、反復、継続して行われるか否かにかかわらず、その全てが「事業として」に該当するものとされています（消基通５－１－１（注）２）。

　また、絵画の譲渡は宗教活動の一環として行ったのであるから消費税の課税の対象とならないと判断されたようですが、宗教法人が宗教活動の一環として行った資産の譲渡について、消費税等を課税しないとする法令上の規定はありません。たとえ宗教活動の一環として行われたものであるとしても、その絵画の譲渡が上記の①～④の要件を満たすものである場合には、消費税の課税対象となります。

【参照】
・　平成19年11月26日裁決【裁決事例集第74集439頁】

QUESTION 11

事業と称するに至らない不動産の貸付け

　私は，個人で建設機械修理業を営み，その課税売上高が毎年1,000万円を超えていることから，課税事業者として消費税の申告を行ってきました。

　本年4月1日，株式会社Aを設立し，それまで個人で営んでいた建設機械修理業をA社に引き継ぎ，A社の代表取締役に就任して，個人事業を廃業しました。

　また，A社に対して，個人事業において事務所，作業所及び倉庫として使用していた3棟の建物を月額15万円で賃貸しています。私は，この3棟の貸付け以外に不動産の貸付けがないことから，所得税において「事業的規模に至らない」と判断し，青色申告特別控除額は10万円を予定しています。

　そうすると，消費税においても，「事業」に該当しないと判断し，この3棟の建物の貸付けは，消費税の課税対象外と考えてよろしいでしょうか。

ANSWER

1　納税義務の有無の判定

　事業を行う個人は，国内において行った課税資産の譲渡等につき，消費税の納税義務者となります（消法2①四，5①）が，その課税期間の基準期間における課税売上高が1,000万円以下である場合には，原則として，免税事業者となります。

　所得税法においては，全ての所得を課税対象とすることを前提に，その性質や発生の態様によってそれぞれの担税力を考慮するため，所得の金額は，10種類の各種所得に区分して計算します（所法23〜35）。しかし，消費税においてはこのような所得区分の考え方はありません。したがって，基準期間における課税売上高は，所得区分の違いや事業内容の変化にかかわりなく，一の事業者

QUESTION 11　事業と称するに至らない不動産の貸付け

を単位として計算することとされています。

　貴方は，本年３月まで建設機械修理業を営んでいましたが，現在はその建設機械修理業を廃業して不動産の貸付けだけを行っています。基準期間における課税売上高の計算の基礎となった事業所得の売上高と不動産所得の売上高とは関連がなく，本年課税期間において行う不動産の貸付けの規模を基準期間において行っていた建設機械修理業の売上高によって判断するのは合理的でないようにも思えます。しかし，このような場合であっても，基準期間における課税売上高が1,000万円を超えている場合には，その課税期間は課税事業者となり，不動産の貸付けについて消費税の納税義務は免除されません。

2　事業該当性

　消費税法は，課税の対象である「資産の譲渡等」について，「事業として対価を得て行われる資産の譲渡及び貸付け並びに役務の提供（略）をいう。」と定義しています（消法２①八）が，「事業」自体の一般的な定義規定を置いてはいません。「事業」の意義については，消費税法の制定趣旨及び目的等に照らして解釈することになります。

　消費税法は，消費に広く負担を求めるという観点から（税制改革法10①），消費一般につき，価格を通して最終的に消費者に転嫁されることを予定し，消費に至るまでの各段階に課税するものとして創設されました（税制改革法10①②）。徴税技術上，納税義務者を物品の製造者や販売者，役務の提供者等としているものの，その性質は，その相手方である消費者の消費支出に着目したもので，これを提供する事業者の規模そのものは，消費税法が課税を意図する担税力と直ちに結びつくということはできません。

　これに対し，所得税は，一般的に，担税力の現れとして，人が収入等を得ていることに着目し，収入等の形で新たに取得する経済的利得すなわち所得を直接対象として課されるものです。所得税法上，「事業」の文言は，所得の担税力を加味するために，その所得が事業所得に当たるか他の所得区分に当たるか，不動産所得を事業所得と同様に取り扱うかどうか等を判断するに当たって用い

られています。

　したがって，消費税法と所得税法とは，着目する担税力や課税対象が異なり，性質の異なる両法の規定中に同一の「事業」という文言があっても，直ちに，それを同一に解釈すべきではなく，消費税法が，消費に広く負担を求めるという観点から制定されたことに照らすと，その課税対象を所得税法上の一課税区分を生じさせるに過ぎない「事業」と同一の範囲における資産の譲渡等に限定しているものと解することはできません。

　消費税法における「事業」は，所得税法上の「事業」概念と異なり，その規模を問わず，「反復・継続・独立して行われる」ものと解するべきでしょう（消基通5－1－1）。

　貴方は，反復・継続・独立して，対価を得て建物の貸付けを行っているのであり，その賃貸が所得税法上，事業的規模に至らないと判断される場合であっても，消費税法2条8号の「資産の譲渡等」に該当することになります。

【参照】
- 名古屋高裁平成15年11月26日判決【税務訴訟資料　第253号　順号9473】，最高裁平成16年6月10日決定【税務訴訟資料　第254号－159　順号9666】

QUESTION 12
事業に附随する行為

　私は，個人でゲームソフトの開発を請け負う事業を行っており，消費税の課税事業者です。

　また，私の妻は，料理教室を主宰し，飲食店のメニューのコーディネイトを行うなど，料理研究家として事業を行う消費税の課税事業者です。

　このたび，妻が所属する料理研究家の団体（人格のない社団等）が開催したシンポジウムに，妻とともにパネラーとして参加しました。妻は料理店の経営について，私は顧客の立場から飲食店に対する要望などを中心に発言を求められました。

　この出演について，それぞれ5万円の謝礼を受け取りましたが，この謝礼は，私と妻にとって課税売上げに該当するのでしょうか。

ANSWER

　消費税法において，国内において事業者が行った「資産の譲渡等」は課税の対象とされ（消法4①），「資産の譲渡等」は，「事業として対価を得て行われる資産の譲渡及び貸付け並びに役務の提供」であると定義されています（消法2①八）。ここにいう「事業として」とは，対価を得て行われる資産の譲渡及び貸付け並びに役務の提供が反復，継続，独立して行われることをいいます（消基通5－1－1，名古屋高裁平成15年11月26日判決，最高裁平成16年6月10日決定）。

　また，「資産の譲渡等」には，その性質上事業に付随して対価を得て行われる資産の譲渡及び貸付け並びに役務の提供を含むものとされています（消令2③）。

　したがって，個人事業者が行った取引が次に該当する場合には，その取引を「事業として」行ったことになります。

① 反復，継続，独立して行う場合
② それ自体は反復，継続，独立して行っていなくても，①に付随して行う場合

　貴方の妻は，料理研究家として事業を展開しており，その専門知識を有していることからシンポジウムにパネラーとして出演し，謝礼を受け取ったものと考えられます。したがって，シンポジウムのパネラーや講演等を反復，継続，独立して行っていなくても，事業付随行為として「資産の譲渡等」に該当し，課税の対象となります。

　また，貴方が行う事業の内容はゲームソフトの開発であり，今回のシンポジウムとは関連がありません。したがって，貴方が，今後この分野で，パネラーや講演を反復，継続，独立して行うというのでなければ，受け取った謝礼は，資産の譲渡等の対価に該当しないものであり，消費税の課税対象外の収入となります。

QUESTION 13

日本以外の2か国で登録されている特許権の譲渡

　国内に本店を有する法人Xは，外国2か国で登録した特許権を現地の外国法人Yに譲渡しました。

　この特許権は日本での登録はなく，また売却先も外国法人であることから，その譲渡は国外取引に当たり，納付すべき消費税の計算には関係ないと考えていますが，よろしいでしょうか。

ANSWER

1　資産の譲渡又は貸付けに係る内外判定

　消費税は，国内において事業者が行った資産の譲渡等（特定資産の譲渡等を除く。）及び特定仕入れを課税の対象としています（消法4①）。

　資産の譲渡等が国内において行われたかどうかの判定は，その取引が資産の譲渡又は貸付けである場合には，原則として，その譲渡又は貸付けが行われる時においてその資産が所在していた場所が国内にあるかどうかにより行うこととなります（消法4③一）。

　ただし，航空機，鉱業権，特許権，著作権，国債証券，株券その他その所在していた場所が明らかでない資産については，消費税法施行令において，個別にその判定すべき場所が定められています（消令6①）。

区分	判定場所
船舶又は航空機	登録を受けたものは登録をした機関の所在地 登録を受けていないものはその譲渡又は貸付けを行う者のその譲渡又は貸付けに係る事務所等の所在地
鉱業権，租鉱権，採石権等	鉱区，租鉱区，採石場の所在地
特許権，実用新案権，意匠権，商標権，回路配置利用権，育成者権	権利の登録をした機関の所在地 （複数の国において登録をしている場合には，これらの権利の譲渡又は貸付けを行う者の住所地）

公共施設等運営権	公共施設等の所在地
著作権等	著作権等の譲渡又は貸付けを行う者の住所地
営業権，漁業権，入漁権	これらの権利に係る事業を行う者の住所地
振替機関等が取り扱う有価証券等	振替機関等の所在地
券面のある有価証券等で振替機関が取り扱うものでないもの	その有価証券等が所在していた場所
券面のない有価証券等で振替機関が取り扱うものでないもの	その有価証券等に係る法人の本店等の所在地
登録国債	登録国債の登録をした機関の所在地
合同会社，合名会社，合資会社の持ち分	その持分に係る法人の本店所在地
金銭債権	その金銭債権に係る債権者の譲渡に係る事務所等の所在地
ゴルフ会員権債権等	ゴルフ場等の所在地
上記以外の資産でその所在していた場所が明らかでないもの	その資産の譲渡又は貸付けを行う者のその譲渡又は貸付けに係る事務所等の所在地

2 特許権の譲渡に係る内外判定

　特許権の譲渡は，その権利の登録をした機関の所在地が国内にあるかどうかにより判定することとなりますが，同一の権利について2以上の国において登録をしている場合には，その特許権の譲渡を行う者の住所地（法人については本店所在地）が国内であれば国内取引に該当することとなります（消令6①五）。

　法人Xは国内に本店を有する内国法人ですから，たとえ日本において登録されていなくても，2以上の国において登録をしている特許権を譲渡した場合には，その特許権の譲渡は，国内取引となり，消費税の課税の対象となります。

　また，譲渡を受ける者が外国法人であるとのことですが，取引の内外判定については，譲渡を受ける者が誰であるかは関係ありません。

3 特許権を譲渡した場合の輸出免税の判定

　消費税の課税が免除される取引として，消費税法7条1項1号は，「本邦からの輸出として行われる資産の譲渡又は貸付け」（輸出取引）を掲げ，2号から5号には，「外国貨物の譲渡又は貸付け」，「国内及び国内以外の地域にわたって行われる旅客若しくは貨物の輸送又は通信」等，輸出類似取引に該当するものが示されています。

　また，消費税法7条1項5号の委任を受けた施行令17条2項6号は，次に掲げる資産の譲渡又は貸付けで非居住者に対して行われるものを輸出類似取引に該当するものとしています。

① 鉱業権，租鉱権，採石権等
② 特許権，実用新案権，意匠権，商標権，回路配置利用権又は育成者権等
③ 公共施設等運営権
④ 著作権等
⑤ 営業権，漁業権，入漁権

　非居住者とは外国為替及び外国貿易法6条1項6号に規定する非居住者であり，外国法人は非居住者となります。

　したがって，法人Xが外国法人Yに対して行った特許権の譲渡は，非居住者に対して行ったものであることにつき証明することを要件に，輸出免税の取扱いを受けることとなります（消法7②）。

　この証明は，次の事項が記載された相手方との契約書等の書類を，その課税資産の譲渡等を行った日の属する課税期間の末日の翌日から2月を経過した日から7年間，納税地又はその取引に係る事務所等の所在地に保存することによります（消規5①四）。

> イ　資産の譲渡等を行った事業者の氏名又は名称及びその取引に係る住所等
> ロ　資産の譲渡等を行った年月日
> ハ　資産の譲渡等に係る資産の内容

ニ　資産の譲渡等の対価の額
ホ　資産の譲渡等の相手方の氏名又は名称及びその取引に係る住所等

QUESTION 14

役員退職金として車両を現物支給した場合

　法人が株主総会の決議により，退任した役員に対する退職金として，所有する金銭以外の資産を現物引渡しにより支給することを決定し，これを支給した場合，消費税の課税の対象となるのでしょうか。

ANSWER

　これには，2つの見解があります。

1　債務消滅の対価とする説

　1つは，役員には退職金支給を請求する権利があり，株主総会の決議は，法人において抽象的に存在していた債務の額を具体的に確定させるものであって，現物の支給はその確定した債務の消滅を対価とする取引であるから，対価を得て行う資産の譲渡に該当し，消費税の課税の対象となるという見解です。

2　不 課 税 説

　また，他の1つは，その現物の支給は，金銭の支給に代えて行うものではないので代物弁済に該当せず，また，退職給与として支給するものであるためみなし譲渡の対象となる贈与にも該当せず，したがって，消費税の課税の対象とならないという見解（以下「不課税説」といいます）です。

　国税庁の「消費税審理事例検索システム（平成12年）国税庁消費税課」は，後者の不課税説をとっています（「消費税審理事例検索システム（平成12年）国税庁消費税課」はタインズ（日税連税法データベース）に収録されています）。その理由は，次のように考えられます。

　消費税の課税の対象となる資産の譲渡等とは，「事業として対価を得て行われる資産の譲渡及び貸付け並びに役務の提供」をいい，これには，代物弁済に

よる資産の譲渡が含まれます（消法2①八）。

「代物弁済による資産の譲渡」とは，債務者が債権者の承諾を得て，約定されていた弁済の手段に代えて他の給付をもって弁済する場合の資産の譲渡をいい，消費税法基本通達5－1－4は，例えば，いわゆる現物給与とされる現物による給付であっても，その現物の給付が給与の支払いに代えて行われるものではなく，単に現物を給付することとする場合のその現物の給付は，代物弁済に該当しないものとしています。

そうすると，退職給与として現物の支給を決定し，その決定どおりに実行する行為は，「約定されていた弁済の手段に代えて他の給付をもって弁済する」（現金で支払うべきことに代えて現物を支給する）ものではないので，代物弁済には該当しないことになります。

また，消費税法4条5項2号は，法人が資産をその役員に対して贈与した場合のその贈与を資産の譲渡とみなして課税の対象とすることを定めています。

退任した役員に対する退職給与の支給は，退職役員の過去の職務執行に対する対価の後払いであると認められ，役員に対する資産の贈与ではありません。したがって，役員に対する退職給与としての現物の支給は，みなし譲渡に該当するものではないと考えられます。

法人税においては，法人がその役員に資産を贈与した場合には，その贈与は，役員に対する経済的な利益の供与に当たり，その資産の時価相当額を損金算入することができない給与の額と認定することになります（法法34④，法基通9－2－9(1)）。

不課税説によれば，法人において，消費税のみなし譲渡の規定が適用されるのは，この経済的な利益の供与として法人税法上損金不算入となる贈与であるということになります。

QUESTION 15

1か月未満の期間の土地の貸付け

　当社は，工場の移転を行ったため，旧工場を取り壊し，その敷地は更地として整地しましたが未使用のままとなっていました。このたび，近隣の建設工事に係る工事車両の臨時駐車場として使用したいという法人Cの申し出を受け，この土地を貸し付けることになりました。

　契約に定められた貸付期間は2か月ですが，3週間経過したところで，法人Cより，工事の都合が変わったので，契約を打ち切りたいと連絡があり，これを了承しました。結果的に賃料は，日割りで25日分しか受け取ることができなかったのですが，この土地の貸付けは，非課税となりますか。

ANSWER

1　国内取引の非課税

　消費税法6条1項は，国内において行われる資産の譲渡等のうち，別表第一に掲げるものには消費税を課さないものと定め，別表第一には，土地の譲渡及び貸付け，金融商品取引法に規定する有価証券等の譲渡，利子を対価とする金銭等の貸付け等，社会保険医療，社会福祉事業，教育に関する役務の提供等のうち一定のもの等，それぞれ列挙して規定されています。

【国内取引の非課税】

①　土地の譲渡及び貸付け
　土地には，借地権等の土地の上に存する権利を含む。
　ただし，1か月未満の土地の貸付け及び駐車場等の施設の利用に伴って土地が使用される場合を除く。

② 有価証券等の譲渡

　国債や株券等の有価証券，登録国債，合名会社等の社員の持分，抵当証券，金銭債権等の譲渡

　ただし，株式・出資・預託の形態によるゴルフ会員権等の譲渡を除く。

③ 支払手段の譲渡（注）

　銀行券，政府紙幣，小額紙幣，硬貨，小切手，約束手形等の譲渡（仮想通貨を含む）

　ただし，これらを収集品として譲渡する場合を除く。

④ 預貯金の利子及び保険料を対価とする役務の提供等

　預貯金や貸付金の利子，信用保証料，合同運用信託や公社債投資信託の信託報酬，保険料，保険料に類する共済掛金等

⑤ 日本郵便株式会社等が行う郵便切手類の譲渡，印紙の売渡し場所における印紙の譲渡及び地方公共団体等が行う証紙の譲渡

⑥ 商品券，プリペイドカード等の物品切手等の譲渡

⑦ 国等が行う一定の事務に係る役務の提供

　国，地方公共団体，公共法人，公益法人等が法令に基づいて行う一定の事務に係る役務の提供で，法令に基づいて徴収される手数料

　なお，この一定の事務とは，例えば，登記，登録，特許，免許，許可，検査，検定，試験，証明，公文書の交付等をいう。

⑧ 外国為替業務に係る役務の提供

⑨ 社会保険医療の給付等

　健康保険法，国民健康保険法等による医療，労災保険，自賠責保険の対象となる医療等

　ただし，美容整形や差額ベッドの料金及び市販の医薬品の販売を除く。

⑩ 介護保険サービスの提供

　介護保険法に基づく保険給付の対象となる居宅サービス，施設サービス等

ただし，サービス利用者の選択による特別な居室の提供や送迎等を除く。
⑪　社会福祉事業等によるサービスの提供
　　社会福祉法に規定する第一種社会福祉事業，第二種社会福祉事業，更生保護事業法に規定する更生保護事業等の社会福祉事業等によるサービスの提供
⑫　助産
　　医師，助産師等による助産に関するサービスの提供
⑬　火葬料や埋葬料を対価とする役務の提供
⑭　一定の身体障害者用物品の譲渡や貸付け
　　義肢，盲人安全つえ，義眼，点字器，人工喉頭，車いす，改造自動車等の身体障害者用物品の譲渡，貸付け，製作の請負及びこれら身体障害者用物品の修理のうち一定のもの
⑮　学校教育
　　学校教育法に規定する学校，専修学校，修業年限が1年以上等の一定の要件を満たす各種学校等の授業料，入学検定料，入学金，施設設備費，在学証明手数料等
⑯　教科用図書の譲渡
⑰　住宅の貸付け
　　契約において人の居住の用に供することが明らかなものに限る。
　　ただし，旅館業法に規定する旅館業に該当するもの及び1か月未満の貸付けを除く。

2　土地の貸付けに係る非課税の判断

　土地の譲渡及び貸付けは，原則として非課税取引です。ただし，土地の貸付けに係る期間が1月に満たない場合及び駐車場その他の施設の利用に伴って土地が使用される場合には，非課税の対象から除かれます（消法6①，別表第一

①,消令8)。

　土地の譲渡が非課税とされる理由は，土地は使用や時間の経過によって摩耗ないし消耗するものではなく，土地そのものの消費を観念することができず，したがって，土地の譲渡は単なる資本の振替又は移転であって財を消費する行為には当たらず，消費に税の負担を求めるという消費税の趣旨からすると，これに課税することが適当でないと考えられるからです。

　また，土地の貸付けは，その期間が長期に及ぶことが多く，土地の譲渡とのバランスをとる必要があるなどの理由から非課税とされています。したがって，土地の一時的な貸付けについては，土地の譲渡とのバランスを考慮する意味合いが薄く，他の物品の貸付けと格別に区別する必要もないことから非課税の範囲から除かれているものと考えられ，その判断基準として，消費税法施行令8条は，「土地の貸付けに係る期間が1月に満たない場合」と定めています。

　そして，「土地の貸付けに係る期間が1月に満たない場合」に該当するかどうかは，その土地の貸付けに係る契約において定められた貸付期間によって判定するものとされています（消基通6-1-4）。

　したがって，貴社が行う土地の貸付けは，契約に定められた期間が1か月以上であるため非課税となり，たとえ工事の都合により，結果的に1か月未満の貸付けとなったとしても，それによって事後的に課税取引となるものではありません。

3　契約の定めと契約書の表示

　ところで，土地の賃貸借契約を締結する場合には，後の紛争を防止する等の目的で，当事者が合意した契約の内容を明確にするために契約書が作成されます。したがって，通常，契約に定められた貸付期間は，契約書の表示を確認することで明らかになります。ただし，契約当事者が，脱税の目的等のために通謀して故意に実体と異なる内容を契約書に表示したなどの特段の事情が認められる場合には，当然に，その契約書の表示にかかわらず，実際の契約内容により判断することになります。

QUESTION 16

助産施設として利用されていた建物の譲渡

　私は，医師であり，医療法人Ａの理事長です。医療法人Ａは，私が所有し医療法人Ａに賃貸している土地建物において産科及び婦人科を診療科目とするクリニックを営んでいます。このたび，この土地建物を医療法人Ａに譲渡することにしました。

　消費税法は，助産に係る資産の譲渡等を非課税と規定しており，その範囲は，分娩と直接関連するものに限られるとはいえず，助産に関連する全ての資産の譲渡等をいうものと理解しています。そうすると，助産施設であるこの建物の譲渡も非課税になると考えてよろしいでしょうか。

ANSWER

　消費税法６条１項は，国内において行われる資産の譲渡等のうち，別表第一に掲げるものには消費税を課さないものと定め，別表第一には，土地の譲渡及び貸付け，金融商品取引法に規定する有価証券等の譲渡，利子を対価とする金銭等の貸付け等，社会保険医療，社会福祉事業，教育に関する役務の提供等のうち一定のもの等，それぞれ列挙して規定されています。

　助産に係る資産の譲渡等の関係で見ると，平成３年度の改正以前は，異常分娩については，健康保険法等の規定に基づく医療等として非課税とされていましたが，正常分娩を非課税とする規定はありませんでした。しかし，出産という生命の尊厳に対する社会政策的配慮から，異常分娩に係る資産の譲渡等だけでなく，正常分娩に係る資産の譲渡等についても非課税として取り扱うこととするため，平成３年度の改正により，「医師，助産師その他医療に関する施設の開設者による助産に係る資産の譲渡等」を非課税とする消費税法別表第一第８号の規定が創設されました。

　そして，消費税法基本通達６－８－１は，消費税法別表第一第８号に規定す

る助産に係る資産の譲渡等には，次が該当する旨を示しています。
① 妊娠しているか否かの検査
② 妊娠の判明以降の検診，入院
③ 分娩の介助
④ 出産後（2月以内）に行われる母体の回復検診
⑤ 新生児の入院及び当該入院中の検診

　一般に助産とは，正常に経過する胎児の娩出に係る状況判断等及び娩出に係る補助的に行う操作並びにそれらに付随する妊婦，産婦，じょく婦，胎児又は新生児の世話等をいうものとされています。また，医師法の規定により，医師の医学的判断及び技術をもって行うのでなければ衛生上危害を生ずるおそれのある行為である医行為については原則として医師の独占業務とされていること，及び，保健師助産師看護師法の規定により，医師以外の者が行うことは本来許されない医行為に当然含まれる助産行為について，例外として助産師が行うことが許容されていることを考慮すると，消費税法別表第一第8号にいう「助産に係る資産の譲渡等」とは，医師等の資格を有する者の医学的判断及び技術をもって行われる分娩の介助等ないしそれに付随する妊産婦等に対する必要な処置及び世話等をいうものと解されます。

　貴方は医師であり，土地建物は助産施設です。ただし，その施設である土地建物の譲渡は，医師等の資格を有する者の医学的判断及び技術をもって行われる分娩の介助等ないしそれに付随する妊産婦等に対する必要な処置及び世話等には該当しません。

　したがって，助産施設である建物の譲渡は，消費税法上の非課税取引に該当しません。

　なお，土地の譲渡は，消費税法別表第一第1号に該当して非課税となります。

【参照】
・ 平成24年1月31日裁決【国税不服審判所ホームページ】【日税連税法データベース（タインズ）コードJ86-6-24】

QUESTION 17

フリースクール事業

　NPO法人（特定非営利活動法人）Xは，不登校の児童等に対する学習支援を目的としたフリースクール事業を行っております。このフリースクール事業において教育活動として行う役務の提供は，消費税の非課税取引に該当しますか。

　なお，NPO法人Xは，各種学校を設置するための都道府県知事の認可を受けたものではありませんが，フリースクールへの登校は義務教育である小中学生の在籍学校において「登校扱い」にされ，フリースクール事業は，学校と連携し一体となって行っており，また，各種学校として認可されるための要件も満たしています。

ANSWER

　消費税法6条1項は，国内において行われる資産の譲渡等のうち，別表第一に掲げるものは非課税と規定し，別表第一第11号は，教育に関する役務の提供を掲げています。

　非課税となる教育に関する役務の提供の範囲は，次のとおりです（消法別表一11，消令16，消規4）。

　次に掲げる教育に関する役務の提供（授業料，入学金，施設設備費等を対価として行われる部分に限る。）
① 学校教育法第1条に規定する学校を設置する者が当該学校における教育として行う役務の提供
② 学校教育法第124条に規定する専修学校を設置する者が当該専修学校の高等課程，専門課程又は一般課程における教育として行う役務の提供
③ 学校教育法第134条第1項に規定する各種学校を設置する者が当該各

> 種学校における教育（修業期間が1年以上であることその他所定の要件に該当するものに限る。次のニにおいて同じ。）として行う役務の提供
> ④　次に掲げる施設を設置する者が当該施設における教育として行う役務の提供
>
> 　独立行政法人水産大学校，独立行政法人農業・食品産業技術総合研究機構の施設，独立行政法人海技教育機構の施設，独立行政法人航空大学校，独立行政法人国立国際医療研究センターの施設，職業能力開発総合大学校，職業能力開発大学校，職業能力開発短期大学校，職業能力開発校（職業能力開発大学校，職業能力開発短期大学校及び職業能力開発校にあっては，国，地方公共団体又は職業訓練法人が設置するものに限る。）

　これらの定めから，教育に関する役務の提供が非課税取引に該当するのは，第一に人的要件として，その役務の提供を行う者が上記①〜④のいずれかに該当するものであること，第二の要件として，その学校等において，授業料，入学金，施設設備費等を対価とする教育として行う役務の提供であること（ハ，ニについては修業期間が1年以上であることその他所定の要件に該当するものであること）のいずれをも満たす場合に限られると解されます。

　NPO法人Xが設置するフリースクールは，各種学校として認可されるための要件を満たしているということですが，現に都道府県知事の認可を受けていない以上，NPO法人Xが設置するフリースクールが各種学校になるものではありませんから，上記①〜④のいずれにも該当せず，教育に関する役務の提供が非課税取引に該当するための第一の人的要件を満たさないことになります。したがって，その教育活動が，学校教育法に規定する学校と連携し一体となって行っているものであっても，NPO法人Xが行うフリースクール事業は，非課税とはなりません。

QUESTION 17　フリースクール事業

【参照】
・　平成22年6月16日裁決【名裁諸平21-54】【日税連税法データベース（タインズ）コードF0-5-108】

QUESTION 18

ビール券と引換えに行うビールの販売

　法人Xは，酒類小売業を営む株式会社です。当社では，全国酒販協同組合連合会が発行するビール共通券及び清酒券（以下「ビール券」といいます）の販売を行い，またビール券と引換えにビール等の販売を行っています。

　この場合の消費税の取扱いについて，説明してください。

ANSWER

　国内において事業者が行った資産の譲渡等は，消費税の課税の対象となります（消法4①）。「資産の譲渡等」とは，事業として対価を得て行われる資産の譲渡及び貸付け並びに役務の提供をいい（消法2①八），また，資産の譲渡等のうち，消費税法6条1項の規定により消費税を課さないこととされる法別表第一に掲げるもの以外のものを「課税資産の譲渡等」といいます（消法2①九）。

　そして，法別表第一第4号ハは，非課税となるものとして，物品切手等の譲渡を掲げています。ここにいう「物品切手等」とは，「物品切手（商品券その他名称のいかんを問わず，物品の給付請求権を表彰する証書をいい，郵便切手類に該当するものを除く。）その他これに類するものとして政令で定めるもの」とされ，これを受けた消費税法施行令11条は，「政令で定めるものは，役務の提供又は物品の貸付けに係る請求権を表彰する証書及び資金決済に関する法律第3条第1項に規定する前払式支払手段に該当する同項各号に規定する番号，記号その他の符号とする」としています。具体的には，次のいずれにも該当する証書が物品切手等となります（消基通6-4-4）。

(1)　当該証書と引換えに一定の物品の給付若しくは貸付け又は特定の役務の提供を約するものであること。

QUESTION 18 ビール券と引換えに行うビールの販売

> (2) 給付請求権利者が当該証書と引換えに一定の物品の給付若しくは貸付け又は特定の役務の提供を受けたことによって、その対価の全部又は一部の支払債務を負担しないものであること。

「ビール券」は、全国酒販協同組合連合会（全酒協）が発行し、全国の酒販店で券面表記の商品と引き換えることができる商品券であり、「物品切手等」に該当します。

また、消費税法基本通達6－4－5は、物品切手等の発行は、資産の譲渡等に該当しないものとしています。物品切手等の発行は、物品の給付、役務の提供という給付請求権の原始的設定であり、譲渡には該当しないと考えられるからです。

これらの法令及び通達に照らすと、発行者がビール券を発行してから精算を行うまでの消費税の課税関係は、次のとおりです。

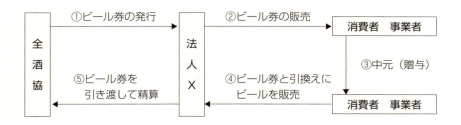

① ビール券の発行

物品切手等の発行は、物品切手等の譲渡には該当しません。したがって、全酒協が法人Xに対して行うビール券の発行は、「資産の譲渡等」に該当せず、消費税の課税対象となりません。

② ビール券の販売

法人Xが行うビール券の販売は、物品切手等の譲渡ですから、非課税です。

③ 中元（贈与）

ビール券は、中元や歳暮に利用されることがありますが、これは、対価の支

払いのない物品切手等の贈与であり,「資産の譲渡等」に該当しません。

④　ビール券と引換えにビールを販売

　法人がビール券と引換えにビールを引き渡す取引は,ビールの譲渡であり,課税資産の譲渡等に該当します。

⑤　ビール券を引き渡して精算

　ビールと引き換えられたビール券は,法人Xと全酒協とが代金決済を行うための証拠書類となります。したがって,引換え済みのビール券の引渡しは資産の譲渡等に該当せず,消費税の課税対象になりません。

　この場合,支払いを受ける金額から④の引換えで計上した譲渡対価を差し引いた金額は,取扱手数料であり,法人Xが行う課税資産の譲渡等の対価となります。

QUESTION 19

外国法人から受ける売掛金の遅延損害金と売掛債権の譲渡収入

　法人Ｘは，外国法人Ａに対し，商品を販売しましたが，その売掛金が支払期日を過ぎても入金されないことから，契約の定めに従って，年利5％の支払遅延損害金を徴収しています。

　このたび，外国法人Ａの親会社である外国法人Ｂから，この売掛債権を外国法人Ｂが買い取ることにより決済を行うという申し出がありました。法人Ｘとしては，売掛金の回収ができれば，その方法としては，外国法人Ｂに対する債権の譲渡であってもかまわないと判断し，これに応じる予定です。

　外国法人Ａから受けた支払遅延損害金，外国法人Ｂから受ける譲渡収入の消費税の課税関係はどうなりますか。

　また，売掛金の生じることとなった商品の販売は課税資産の譲渡等に該当することから，その商品の課税仕入れは課税売上対応分に区分していますが，仮に，遅延損害金及び売掛債権の譲渡収入が非課税資産の譲渡等の対価となるのであれば，その場合には，販売した商品の課税仕入れ及び一連の取引について生じた課税仕入れは，共通対応分に区分しなければならないのでしょうか。

　なお，法人Ｘは内国法人であり，国外に支店等はありません。

ANSWER

1　売掛金の遅延損害金

(1)　利子を対価とする資産の貸付け

　国内において行う資産の譲渡等のうち，利子を対価とする貸付金その他の資産の貸付けは，非課税とされています（消法6①，別表第一3）。具体的には，

預貯金や貸付金の利子、公社債の利子及び手形の割引料等がその対価となります（消基通6－3－1）。

例えば、売上代金を手形により回収する場合には、手形の支払期間に応じて計算した利息相当額を売上代金とは別にして請求することがありますが、その利息相当額が適正金利に相当する金額であるときは、売上代金部分だけが課税対象となり、利息相当額は非課税となります。

また、消費税法基本通達6－3－5は、前渡金等に係る利子のようにその経済的実質が貸付金であるものに係る利子を受ける行為は、法別表第一第3号に規定する利子を対価とする資産の貸付けに該当するものであることを明らかにしています。

利子を対価とする資産の貸付けが国内において行われたかどうかは、その貸付けを行う者のその貸付けに係る事務所等の所在地が国内にあるかどうかにより判定します。

法人Xは、外国法人Aに対する売掛金の支払いが期日までに行われなかったことを理由に、契約の定めに従い、年利5％の遅延損害金を受け取っています。この遅延損害金は、損害金という名目になっていますが、その実質は、売掛金という金銭債権に係る利子であると認められます。また、その支払いを受ける法人Xは内国法人であり国外の支店等がないとのことですから、その貸付けは国内取引と判断され、その遅延損害金は、非課税資産の譲渡等の対価となります。

(2) **非居住者から受ける場合**

消費税法31条1項は、国内において、非課税資産の譲渡等のうち消費税法7条1項に掲げる輸出取引等に該当するものを行った場合において、その非課税資産の譲渡等が輸出取引等に該当するものであることにつき証明がされたときは、その非課税資産の譲渡等は、仕入税額控除の適用に当たっては、課税資産の譲渡等に係る輸出取引等に該当するものとみなすことを定めています（以下、この取扱いを「非課税資産の輸出等を行った場合の仕入税額控除の特例」といいます）。この特例によると、輸出取引等に該当するものの対価の額は、課税

QUESTION 19　外国法人から受ける売掛金の遅延損害金と売掛債権の譲渡収入

売上割合の計算においては，課税資産の譲渡等の対価の額に含まれることとされています（消令51②）。

利子を対価とする資産の貸付けのうちその債務者が非居住者であるものは，輸出取引等に該当するものとして，「非課税資産の輸出等を行った場合の仕入税額控除の特例」の規定が適用されます（消令17③）。

したがって，法人Xが外国法人Aから受ける遅延損害金の額は，非課税資産の譲渡等の対価であるため消費税の課税標準額には含まれませんが，課税売上割合の計算においては，課税資産の譲渡等の対価の額に算入することとなります。

2　売掛債権の譲渡収入

売掛金等の金銭債権の譲渡の内外判定は，その金銭債権に係る債権者のその譲渡に係る事務所等の所在地によります（消令6①九ニ）。また，金銭債権は，「有価証券に類するもの」の範囲に含まれ，国内において行った金銭債権の譲渡は，非課税資産の譲渡等となります（消令9①四）。

この金銭債権の譲渡は，上記1の「非課税資産を輸出した場合の仕入税額控除の特例」の対象から除外されています（消令51①）。ただし，課税売上割合の計算においては，資産の譲渡等を行った者がその資産の譲渡等の対価として取得した金銭債権の譲渡については，その譲渡対価の額は非課税売上高に含まないものとされています（消令48②二）。

したがって，法人Xが受け取った売掛債権の譲渡収入は非課税売上高となりますが，課税売上割合は，その収入金額を除いたところで計算することとなります。

3　課税仕入れの区分

一連の取引において，国内において行った課税仕入れ又は特定課税仕入れ，保税地域からの課税貨物の引取りがある場合には，その課税仕入れ等の用途区分は，次のようになります。

(1) 商品の課税仕入れ等

　法人Ｘは売掛金を譲渡することによって回収する方法を選択したため，商品販売の延長線上には，結果的に，非課税売上げが発生することになりました。

　ただし，この非課税売上げは，商品販売とは別の新たな取引によって生じたものです。すなわち，商品販売によって１つの資産の譲渡等は完了し，その後，支払遅延という新たな事実によって支払遅延損害金が生じ，売掛債権の譲渡という決済の方法に至ったのです。

　商品の仕入れは，これを販売することが目的ですから，その後，支払遅延損害金が生じたかどうか，売掛債権の譲渡を行ったかどうかにかかわらず，商品の仕入れを行った時点で課税売上対応分の課税仕入れ等に区分することとなります。

(2) 遅延損害金を得るための課税仕入れ等

　法人Ｘが外国法人Ａから受ける遅延損害金は非課税資産の譲渡等の対価ですが，「非課税資産の輸出等を行った場合の仕入税額控除の特例」の対象となり，仕入税額控除の規定の適用に当たっては，課税資産の譲渡等の対価とみなされます。したがって，その遅延損害金を得るための課税仕入れ等は，課税売上対応分に区分します。

(3) 売掛債権の譲渡のために要した課税仕入れ等

　売掛債権の譲渡は，「非課税資産を輸出した場合の仕入税額控除の特例」の対象となりません。したがって，その譲渡のために要した課税仕入れ等は，非課税売上対応分に区分することになります。

QUESTION 20

契約どおりに船積みできなかった取引

　法人Xは，外国法人Aとの間で，建設機械を販売する契約を締結しました。契約においては，販売する建設機械は，法人Xが，外国法人Aからの指示に従って機械の輸出手続を行い，外国法人Aから指定された船に積み込むことによって，B国向けに輸出することとされていました。

　しかし，納入予定の国であるB国を取り巻く国際的緊張関係が高まったことに伴い，B国向け輸出ができないこととなりました。そこで，外国法人Aとの話し合いにより，法人Xの日本国内の倉庫内において外国法人Aに引き渡し，最終的な目的地が明らかになって船積みされるまでの間，有料で保管することとなりました。法人Xは，外国法人Aによる検収が完了し，その販売代金の請求書を発行して，保管料が生じることとなった当課税期間において，建設機械の販売に係る売上げを計上しました。

　この建設機械は，国内向けとは仕様が異なり，後日，外国法人Aの指示に従って輸出することが約束されています。したがって，当課税期間において計上した売上げは，輸出免税の適用を受けるものとして取り扱ってよいでしょうか。

　なお，対価の額に変更はなく，当初の契約どおり消費税を上乗せしない本体価額により販売しています。

ANSWER

1　建設機械の譲渡の時期

　国税通則法15条2項7号は，消費税について，課税資産の譲渡等をした時に納税義務が成立すると定めていますが，課税資産の譲渡等をした時がいつであるかについて，実体法上，直接の定めはありません。ただし，消費税の課税の対象は「国内において事業者が行った資産の譲渡等」（消法4①）であり※，

資産の譲渡等とは,「事業として対価を得て行われる資産の譲渡及び貸付け並びに役務の提供」(消法2①八)をいうものとされています。したがって,資産の譲渡等は,取引の相手方に対する財やサービスの提供と,それに伴う対価の獲得という事実が発生した時に認識することになります。実務上は,消費税法基本通達第9章「資産の譲渡等の時期」に示された基準に従い,取引の態様に応じた判断を行っています。

※ 特定資産の譲渡等に該当するものを除きます。また,特定課税仕入れも課税の対象となります。

そして,消費税法基本通達9－1－1は,棚卸資産の譲渡を行った日は,その引渡しのあった日であるとしています。

法人Xは,外国法人Aが納入を予定していたB国の事情などにより建設機械を当初の契約のとおりに外国法人Aへ引き渡すことができないこととなり,協議を行った結果,引渡条件が変更されました。そうすると,法人Xから外国法人Aへの引渡しの時期は,当初の契約にかかわらず,外国法人Aによる検収が行われた日であり,対価を得る権利が確定したその日において建設機械に係る資産の譲渡等が行われたということになります。

2 輸出免税の対象

消費税法7条1項1号は,課税事業者が国内において行う課税資産の譲渡等のうち,「本邦からの輸出として行われる資産の譲渡又は貸付け」(輸出取引)について,2号から5号までの各号は輸出類似取引について,消費税を免除するもの(輸出免税)とし,2項は,1項に規定された輸出取引又は輸出類似取引(両者をあわせて「輸出取引等」といいます)に該当することが証明されたものでない場合には,輸出免税の適用をしない旨を規定しています。

QUESTION 20　契約どおりに船積みできなかった取引

【輸出取引等の範囲】

輸出取引 （消法7①一）	● 本邦からの輸出（原則として関税法第2条第1項第2号《定義》に規定する輸出をいう。）として行われる資産の譲渡又は貸付け
輸出類似取引 （消法7①二～五，消令17）	● 外国貨物の譲渡又は貸付け ● 国内及び国外にわたって行われる旅客又は貨物の輸送（国際輸送の一環として行われる国内輸送区間における輸送を含む。） ● 外航船舶等（専ら国内及び国外にわたって又は国外と国外との間で行われる旅客又は貨物の輸送の用に供される船舶又は航空機をいう。）の譲渡又は貸付けで船舶運航事業者等に対するもの 　（注）　外航船舶等には，日本国籍の船舶又は航空機も含まれる。 ● 外航船舶等の修理で船舶運航事業者等の求めに応じて行われるもの ● 専ら国内と国外又は国外と国外との間の貨物の輸送の用に供されるコンテナーの譲渡，貸付けで船舶運航事業者等に対するもの又は当該コンテナーの修理で船舶運航事業者等の求めに応じて行われるもの ● 外航船舶等の水先，誘導，その他入出港若しくは離着陸の補助又は入出港，離着陸，停泊若しくは駐機のための施設の提供に係る役務の提供等で船舶運航事業者等に対するもの ● 外国貨物の荷役，運送，保管，検数又は鑑定等の役務の提供 ● 国内と国外との間の通信又は郵便若しくは信書便 ● 非居住者に対する無形固定資産等の譲渡又は貸付け ● 非居住者に対する役務の提供で次に掲げるもの以外のもの 　イ　国内に所在する資産に係る運送又は保管 　ロ　国内における飲食又は宿泊 　ハ　イ又はロに準ずるもので国内において直接便益を享受するもの

3　「輸出」とは

「本邦からの輸出として行われる資産の譲渡又は貸付け」（輸出取引）についてのその証明の方法は，輸出取引を行った事業者が，その資産の輸出に係る保税地域の所在地を所轄する税関長から交付を受ける関税法67条に規定する輸出の許可があったことを証する「輸出許可書」又はその資産の輸出の事実を税関長が証明した「輸出証明書」を整理し，その輸出取引を行った日の属する課税

期間の末日の翌日から2月を経過した日から7年間，これを保存することによるものとされています（消規5①）。

したがって，ある取引が「本邦からの輸出として行われる資産の譲渡又は貸付け」（輸出取引）に該当して輸出免税とされるためには，課税事業者が国内において行った課税資産の譲渡等であることを前提として，①その取引が輸出取引に該当すること（実体要件），及び②その取引が輸出取引に該当することの証明書類である「輸出許可書」又は「輸出証明書」を事業者が保存していること（手続要件）の2つの要件を具備することが必要です。

ここでいう「輸出」については，消費税法に定義規定が置かれていないことから，一般的な意義を有し，国内における他の各種法令で用いられている用語と同意義であるとみるべきです。そして，一般に「輸出」とは，貨物を本邦以外の外国に向けて送り出すこと，すなわち，外国に仕向けられた船舶又は航空機に積み込むことを指すとされ，また，関税法では，特に，保税地域からの外国貨物の積戻しと区別するために，内国貨物を外国に向けて送り出すことを「輸出」としています（同法2条1項2号）。

このように「輸出」とは，貨物を外国に仕向けられた船舶又は航空機へ積み込むという貨物の物理的な移転行為をとらえた概念であることから，消費税法7条1項1号にいう「本邦からの輸出として行われる資産の譲渡」とは，資産の譲渡のうち，その資産について輸出の許可を受け，外国に仕向けられた船舶又は航空機に積み込むことによってその資産の引渡しが行われるものをいうものと解されます。これは，消費税法施行規則5条1項が，その証明の方法として，関税法に定める「輸出許可書」又は「輸出証明書」を保存することを規定していることからも明らかであり，消費税法基本通達7－2－1は，「輸出」を「原則として関税法第2条第1項第2号《定義》に規定する輸出をいう」としています。

4 国内で引き渡した場合の輸出免税の判定

照会の取引は，建設機械の検収が国内に所在する法人Xの倉庫内で行われ，

QUESTION 20 契約どおりに船積みできなかった取引

すなわち,その引渡しが国内で行われ,引渡し後も引き続き国内に保管されており,外国に仕向けられた船に積み込まれた事実もなく,消費税法7条1項1号にいう「本邦からの輸出として行われる資産の譲渡」,換言すれば「資産の譲渡取引のうち,その資産について輸出の許可を受け,当該資産を外国に仕向けられた船舶又は航空機に積み込むことによって当該資産の引渡しが行われるもの」に該当しないことは明白であり,当然のことながら,手続要件である輸出許可書又は輸出証明書の保存もありません。したがって,この建設機械の販売は,当初の契約内容にかかわらず,輸出免税に該当しないということになります。

【参照】
- 平成20年4月1日裁決【裁決事例集第75集693頁】【日税連税法データベース（タインズ）コードJ75-5-41】

QUESTION 21

仕入先から国外に直送させる自動車部品の販売①

　法人Xは，自動車部品の販売を行う株式会社であり，国内のA社から自動車部品を仕入れ，外国法人B社に販売しています。その際，自動車部品は，A社から外国法人B社の国外の工場に直接納品させており，輸出の手続はA社が行い，輸出証明書はA社が保存しています。
　この自動車部品の販売について，法人Xにおいて輸出免税の適用を受けることができるでしょうか。

ANSWER

1　資産の譲渡の時期

　国税通則法15条2項7号は，消費税について，課税資産の譲渡等をした時に納税義務が成立すると定めています。また，消費税の課税の対象は「国内において事業者が行った資産の譲渡等」（消法4①）であり※，資産の譲渡等とは，「事業として対価を得て行われる資産の譲渡及び貸付け並びに役務の提供」（消法2①八）をいいます。

　※　特定資産の譲渡等に該当するものを除きます。また，特定仕入れも課税の対象となります。

　これらの規定から，資産の譲渡等は，取引の相手方に対する財やサービスの提供と，それに伴う対価の獲得という事実が発生した時に認識することになります。実務上は，消費税法基本通達第9章「資産の譲渡等の時期」に示された基準に従い，取引の態様に応じた判断を行っています。
　そして，消費税法基本通達9－1－1は，棚卸資産の譲渡を行った日は，その引渡しのあった日であるとしています。

2 輸出免税の取扱い

　消費税法4条は、国内において事業者が行った資産の譲渡等（特定資産の譲渡等に該当するものを除きます）及び特定仕入れは、消費税の課税対象となる旨を定め（消法4①）、資産の譲渡等が国内で行われたかどうかの判定は、資産の譲渡又は貸付けについては、その譲渡又は貸付けが行われる時において、その資産が所在していた場所によるものとしています（消法4③一）。

　ただし、内国消費税である消費税は、外国で消費されるものには課税しないという考えに基づき、輸出免税の取扱いが定められています。すなわち、課税事業者が「本邦からの輸出として行われる資産の譲渡又は貸付け」（輸出取引）又はこれに類似するものとして消費税法7条及びその委任を受けた消費税法施行令17条に列挙された課税資産の譲渡等を行った場合において、これらに該当するものであることにつき、財務省令で定めるところにより証明がされたものであるときは、輸出免税の規定が適用され、その売上げには課税せず、その売上げに要する課税仕入れ等は「課税資産の譲渡等にのみ要するもの」に区分して、税額の全てを控除する、いわゆる0％課税の取扱いとなります。

　「財務省令で定めるところにより証明がされたもの」とは、その課税資産の譲渡等を行った事業者が、所定の書類又は帳簿を整理し、その課税資産の譲渡等を行った日の属する課税期間の末日の翌日から2月を経過した日から7年間、これを納税地又はその取引に係る事務所等の所在地に保存することにより、証明がされたものです（消規5①）。

3 「本邦からの輸出として行われる資産の譲渡又は貸付け」

　ある取引が「本邦からの輸出として行われる資産の譲渡又は貸付け」（輸出取引）に該当して輸出免税とされるためには、課税事業者が国内において行った課税資産の譲渡等であることを前提として、①その取引が輸出取引に該当すること（実体要件）、及び、②その取引が輸出取引に該当することの証明書類である「輸出証明書」を事業者が保存していること（手続要件）の2つの要件を具備することが必要です。

ここでいう「輸出」については，消費税法に定義規定が置かれていないことから，一般的な意義を有し，国内における他の各種法令で用いられている用語と同意義であるとみるべきです。そして，一般に「輸出」とは，貨物を本邦以外の外国に向けて送り出すこと，すなわち，外国に仕向けられた船舶又は航空機に積み込むことを指すとされ，また，輸出免税の証明書類が関税法に定める「輸出証明書」とされていることから関税法の規定を参照すると，関税法では，特に，保税地域からの外国貨物の積戻しと区別するために，内国貨物を外国に向けて送り出すことを「輸出」としています（同法２①二）。

　このように「輸出」とは，貨物を外国に仕向けられた船舶又は航空機へ積み込むという貨物の物理的な移転行為をとらえた概念であることから，消費税法７条１項１号にいう「本邦からの輸出として行われる資産の譲渡」とは，資産の譲渡のうち，その資産について輸出の許可を受け外国に仕向けられた船舶又は航空機に積み込むことによってその資産の引渡しが行われるものをいうものと解されます。

　なお，「本邦からの輸出として行われる資産の譲渡又は貸付け」である場合に保存するべき書類又は帳簿は，その資産の輸出に係る保税地域の所在地を所轄する税関長から交付を受ける次の書類（以下「輸出証明書」といいます）とされています（消規５①一）。

① 　輸出の許可又は積込みの承認があったことを証する書類
② 　その資産の輸出の事実を税関長が証明した書類で，輸出した事業者の氏名又は名称及び住所又は事務所等の所在地，輸出の年月日，品名と品名ごとの数量及び価額，仕向地が記載されたもの

4　仕入税額控除

　消費税法30条１項は，課税事業者が，国内において行う課税仕入れ（特定課税仕入れに該当するものを除きます），特定課税仕入れ又は保税地域から引き取る課税貨物は，仕入税額控除の対象となる旨を定めています。

QUESTION 21　仕入先から国外に直送させる自動車部品の販売①

　課税仕入れとは，事業者が，事業として他の者から資産を譲り受け，若しくは借り受け，又は役務の提供（給与等を対価とする役務の提供を除きます）を受けることであり，その資産の譲渡若しくは貸付け又は役務の提供を行った者が，事業としてこれを行ったとした場合に課税資産の譲渡等に該当することとなるもので，輸出免税等の規定により消費税が免除される資産の譲渡等に該当しないものをいいます（消法2①十二）。

5　仕入先が国外に納品する場合

　ご照会の取引では，外国法人B社に自動車部品を販売しているのは法人Xですが，実際に輸出を行い，その輸出に係る輸出証明書を保存しているのはA社であることから，法人Xに輸出免税の規定の適用はありません。

　A社の売上げ及び法人Xの仕入れと売上げは，次のように判断します。

(1)　A社の売上げ

　A社における自動車部品の販売は，たとえ国内の事業者である法人Xへの販売であっても，その引渡しのために輸出の手続を行い国外へ納品するものであるため，「本邦からの輸出として行われる資産の譲渡」に該当し，輸出証明書の保存を要件に，輸出免税の規定が適用されます。

　したがって，A社は，その輸出売上高を課税標準額の計算に含めず，その輸出売上げに要した課税仕入れ等は課税売上対応分として納付すべき消費税額を計算します。

(2)　法人Xの仕入れ

　法人XにおけるA社からの仕入れは，課税資産の譲渡等を行うA社において輸出免税の規定が適用されるため，消費税法2条1項12号に照らし，法人Xの課税仕入れに該当するものではありません。

(3)　法人Xの売上げ

　外国法人B社に販売する自動車部品は，A社によって輸出の許可を受け国外に移送されたものであるため，その売上げは国内取引に該当せず，消費税の課税対象外となります。

したがって，法人XがA社から自動車部品を仕入れ，外国法人B社の国外の工場に直接納品させる取引は，法人Xにおいては，消費税の課税関係が生じない取引となります。

QUESTION 22

仕入先から国外に直送させる自動車部品の販売②

前問において，法人Xが国内においてA社から購入した上で，その自動車部品について，A社に輸出手続を代行させて外国法人B社の国外の工場に納品している場合，つまり，A社が法人Xの所有となった自動車部品について，法人Xを名義人として輸出の許可を受け，その輸出証明書を法人Xが保存している場合には，どのように判断するのでしょうか。

ANSWER

法人Xが，仕入先A社に輸出手続きを代行させる場合，すなわち，A社が，法人Xの輸出手続きを代行して，法人Xを名義人として輸出の許可を受け，その輸出証明書を法人Xが保存している場合には，A社の売上げ及び法人Xの仕入れと売上げは，次のように判断します。

(1) **A社の売上げ**

A社は，法人Xの所有となった自動車部品について，法人Xに代わって輸出の手続を行うということですから，その輸出の手続を行う前に，すでに法人Aから法人Xへの引渡しが行われています。法人Aが行う自動車部品の販売は，資産の譲渡のうち，その資産を外国に仕向けられた船舶又は航空機に積み込むことによってその資産の引渡しが行われるものではありません。

したがって，国内において行う課税資産の譲渡等として課税され，輸出免税の規定の適用はありません。

(2) **法人Xの仕入れ**

法人Xが行うA社からの自動車部品の仕入れは，その資産の譲渡を行ったA社において課税資産の譲渡等に該当することとなるものであり，輸出免税等の規定により消費税が免除される資産の譲渡等に該当しないため，国内において行う課税仕入れに該当します。

(3) 法人Xの売上げ

　外国法人B社に販売する自動車部品は，その納品に係る手続はA社に代行させていますが，法人Xの名称で輸出の許可を受け，その輸出証明書を法人Xが保存しているため，法人Xは，「本邦からの輸出として行われる資産の譲渡又は貸付け」を行ったという実体要件と，その取引が輸出取引に該当することを証明するという手続要件の2つの要件を具備しており，輸出免税の規定が適用されます。

QUESTION 23

輸出証明がない取引

　法人Xは，A国のY社から放送機材用ジャックケーブルの受注を受け，同社の要請により，国内のZ社の工場へいったん搬送した後，Z社がY社に販売した放送機材と同梱の上，A国へ輸出しています。

　輸出に際して，通関業務はZ社が行い，ジャックケーブルを含む放送機材の輸出の許可はZ社が受け輸出証明書を保存しています。しかし，法人Xは，現実にY社から受注を受けて輸出販売を行っています。したがって，輸出免税の適用を受けることができると考えてよいでしょうか。

ANSWER

1　輸出免税の要件

　消費税は，国内において消費される財貨やサービスに税負担を求めるものであることから，国外の消費につながる輸出取引等については，消費税を免除することとしています。すなわち，消費税法7条1項は，輸出取引等に該当するものについては消費税を免除すると規定し，同条2項は，「前項の規定は，その課税資産の譲渡等が同項各号に掲げる資産の譲渡等に該当するものであることにつき，財務省令で定めるところにより証明がされたものでない場合には，適用しない」と規定しています。

　そして，消費税法施行規則5条1項は，「法第7条第2項に規定する財務省令で定めるところにより証明がされたものは，同条第1項に規定する課税資産の譲渡等のうち同項各号に掲げる資産の譲渡等に該当するものを行った事業者が，当該課税資産の譲渡等につき，次の各号に掲げる場合の区分に応じ当該各号に定める書類又は帳簿を整理し，当該課税資産の譲渡等を行った日の属する課税期間の末日の翌日から2月を経過した日から7年間，これを納税地又はその取引に係る事務所，事業所その他これらに準ずるものの所在地に保存するこ

とにより証明がされたものとする」と規定しています。

　消費税法7条1項1号に規定する「本邦からの輸出として行われる資産の譲渡又は貸付け」（以下「輸出取引」といいます）の場合には，船舶若しくは航空機の貸付け又は資産の価額が20万円以下の輸出に該当するときを除き，輸出取引を行った事業者は，税関長から交付を受ける輸出の許可若しくは積込みの承認があったことを証する書類又は輸出の事実を税関長が証明した書類で，輸出した事業者の氏名又は名称及び住所若しくは居所又は事務所等の所在地，輸出年月日等所定の事項が記載されたものを，7年間，これを納税地等所定の場所に保存することによって，消費税法7条2項に規定する財務省令で定める証明がされたことの要件を満たすこととなります。

　このように，輸出取引等として免税の適用を受けるためには，所定の輸出取引等に該当する事実が存し（実体要件），さらにその事実を証明する書類の保存（手続要件）をしていなければなりません。

2　輸出証明がない輸出

　法人Xは，Y社からの発注に基づき，ジャックケーブルをZ社の国内の工場に納入していますが，Y社からZ社が販売した放送機材と同梱の上A国へ輸出することによりその引渡しが完了するのであり，消費税法7条1項1号に規定する輸出取引に該当するものと考えられます。

　しかし，輸出免税の適用を受けるためには，税関長から交付を受ける輸出の許可若しくは積込みの承認があったことを証する書類又は輸出の事実を税関長が証明した書類の保存が要件とされています。輸出手続はZ社が行い，Z社は放送機材の輸出証明書の交付を受けていますが，法人Xにはジャックケーブルについての輸出証明書が交付されていないので，法人Xは輸出免税の適用を受けることはできません。

【参照】
- 平成7年7月3日裁決【日税連税法データベース(タインズ)コード J50-5-18】

QUESTION 24

外国船舶の乗組員に対する土産品等の販売

　法人Xは，外国船舶の乗組員に対し，その船舶内又はその船舶に近接する陸地において，土産品等の販売を行っています。販売に当たっては，税関の指導に従い，あらかじめ船内販売品目録につき税関の確認を受けています。また，販売後は，船舶内で行うものであるか又は船舶外で行うものであるかを問わず，船内販売品目録に売却した物品の品名や価額等を記載して購入者の署名を得た上で，外国船舶が入港している港を管轄する税関に提出しています。

　消費税法7条1項1号は，「本邦からの輸出として行われる資産の譲渡又は貸付け」を輸出免税の対象とし，消費税法基本通達7－2－1(1)によれば，「輸出」とは，「内国貨物を外国に向けて送り出すこと」となります。

　法人Xが行う土産品等の販売は，「内国貨物」を「外国に向けて送り出す」販売であり，船内販売品目録の写しを保存することで消費税の免税の取扱いを受けると考えますが，よろしいでしょうか。

ANSWER

1 輸出販売に係る免税の規定

　消費税法7条1項は，輸出免税の取扱いを受けるものを定める条項であり，その1号には，「本邦からの輸出として行われる資産の譲渡又は貸付け」が掲げられています。また，2項は，輸出免税の規定は，その課税資産の譲渡等が，1項各号に掲げられた輸出免税のとなる資産の譲渡等に該当するものであることにつき，財務省令で定めるところにより証明がされたものでない場合には，適用しない旨を規定しています。

　そして，消費税法施行規則5条1項1号は，消費税法7条1項1号に掲げる「本邦からの輸出として行われる資産の譲渡又は貸付け」について，その証明

は，税関長から交付を受ける次の書類を保存することである旨を規定しています。

① 輸出の許可があったことを証する書類
② 積込みの承認があったことを証する書類
③ その資産の輸出の事実を税関長が証明した書類で，イ輸出した事業者の氏名又は名称及び住所等，ロ輸出の年月日，ハ資産の品名並びに品名ごとの数量及び価額並びにニ仕向地が記載されたもの

また，関税法2条1項2号は，「『輸出』とは，内国貨物を外国に向けて送り出すことをいう。」と規定しています。

2 税関における船内販売品目録の取扱い

船内販売品目録に関する税関の取扱いは，次のとおりです。

① 外国船舶の乗組員に対し土産品等を販売することを業とする者（以下「土産品等販売業者」という）は，船内販売品目録に訪問しようとする外国船舶の名称並びに販売しようとする物品の品名，数量及び価額を記載して，税関に提出する。
② 税関は，提出された船内販売品目録に記載されている物品等に輸出の規制の対象となるものがあるか否かを確認し，問題がなければ，船内販売品目録を受理印（確認印）で割り印して，1部を土産品等販売業者に一時交付をする。
③ 土産品等販売業者は，外国船舶の乗組員に対して土産品等を販売した場合，税関から一時交付を受けた船内販売品目録に売却した物品の品名，数量及び価額を記載するとともに，購入者の署名を得て，税関に提出する。
④ 税関は，土産品等販売業者から提出があった船内販売品目録に記載されている売却された土産品等が，その数量及び価額において乗組員が携帯して輸出することが可能な貨物の範囲内かを確認した上で，提出された船内販売品目録を回収し，土産品等販売業者から求めがあれば，その写しを交付する。

税関におけるこの手続は，土産品等を購入した乗組員がその土産品等を輸出する者であると理解した上で，品名，数量及び価額が関税法等で定める乗組員が携帯して輸出することが可能な貨物の範囲を超えていないかを確認することを目的としています。船内販売品目録は，関税法に定められた書類ではなく，外国船舶の乗組員による物品の本邦外への持ち出しの手続を簡素化するために，土産品等販売業者に便宜上提出を求めているものです。したがって，土産品等が土産品等販売業者から乗組員に適正な範囲で販売された事実を確認するための書類であり，税関においては，土産品等が輸出されたことを証明する輸出許可書としては取り扱っていません。

3　法人Ｘの土産物等の販売

　法人Ｘは，土産品等の販売を行った際，外国船舶が入港している港を管轄区域内に含む税関に対し，船舶内で行うものであるか又は船舶外で行うものであるかを問わず，屋号及び事務所等の所在地，外国船舶の名称並びに販売した土産品等の品名，数量及び価額を記載した船内販売品目録を提出し，その写しを保管しています。

　この船内販売品目録は，上記2のとおり，関税法の規定による輸出許可書として取り扱われるべく作成されたものではありません。たとえ提出を受けた税関においてこれに受理印（確認印）を押印するなどされていたとしても，そのことによって，それが消費税法施行規則5条1項1号所定の税関長が証明する書類等に当たると認められるものではありません。

　したがって，法人Ｘの土産品等の販売は，「本邦からの輸出として行われる資産の譲渡又は貸付け」に該当するものであることにつき証明がされているとはいえない，ということになります。

【参照】
- 平成25年7月10日裁決【税務訴訟資料　第263号－131（順号12255）】
  【日税連税法データベース（タインズ）コードＺ263－12338】

QUESTION 25

外国から原材料を無償支給され製品に加工する取引

　法人Xは，外国法人である親会社A社から原材料の支給を受け，自己の名義で関税及び消費税の輸入申告を行い，保税地域からの引取りの許可を受け，その引取りに係る関税及び消費税（輸入消費税）を納付します。

　そして，国内の工場において，この原材料のみを使用して外国親会社A社の示した仕様に従い加工作業を施した後，加工後の製品について輸出申告を行い，輸出の許可を受けた上で外国親会社A社に向けて輸出し，引き渡しています。

　法人Xが外国親会社A社との間で取り交わす加工作業を行う旨の契約書には，次の定めがあります。

> イ　外国親会社A社は，法人Xに対し原材料を無償で支給し，法人Xは，支給される原材料を製品に加工して，外国親会社A社に供給する。
>
> ロ　法人Xは，外国親会社A社の承諾なしに外国親会社A社から支給される原材料を交換又は変更して使用してはならない。
>
> ハ　外国親会社A社は，法人Xに支給した原材料及び法人Xが加工した製品の所有権を引き続き所有し，法人Xは，外国親会社A社の要求水準で原材料及び製品を維持管理しなければならない。

　法人Xと外国親会社A社との間では，原材料及び製品の譲渡が行われるものではないので，これらの対価としての金銭の授受はなく，法人Xは，外国親会社A社から，加工作業の対価として加工賃を受け取ります。

　この加工作業は，輸出免税の対象となるでしょうか。また，法人Xが原材料を輸入する際に課される消費税は，法人Xの仕入税額控除の対象となるでしょうか。

なお，外国親会社Ａ社は，国内に支店又は出張所その他の事務所を有していません。

ANSWER

1 加工賃を対価とする役務の提供について

(1) 非居住者に対する役務の提供

消費税法４条１項は，国内において事業者が行った資産の譲渡等（特定資産の譲渡等に該当するものを除く。）及び特定仕入れには，消費税が課される旨を規定しており，事業として対価を得て行われる役務の提供は，資産の譲渡等に該当します（消法２①八）。

また，消費税法７条１項５号及び消費税法施行令17条２項７号は，国内において行われる課税資産の譲渡等のうち，非居住者に対して行われる役務の提供は，次に掲げるものを除き，消費税を免除する旨を規定しています。

① 国内に所在する資産に係る運送又は保管
② 国内における飲食又は宿泊
③ ①及び②に掲げるものに準ずるもので，国内において直接便益を享受するもの以外のもの

そして，消費税法基本通達７－２－16は，これら消費税が免除されるものから除かれる非居住者に対する役務の提供として，上記①及び②のほか，国内に所在する不動産の管理や修理，建物の建築請負，電車・バス・タクシー等による旅客の輸送等を例示しています。

(2) 法人Ｘが行う加工作業

法人Ｘは，外国親会社Ａ社から無償で支給される原材料を加工し，加工作業という役務の提供の対価として加工賃を受け取りますので，この加工作業は，消費税法４条１項に規定する国内において事業者が行った資産の譲渡等に該当します。

また，外国親会社Ａ社は，外国法人であり，国内に支店又は出張所その他の事務所を有する法人ではありませんので，消費税法施行令１条２項２号に掲げ

QUESTION 25 外国から原材料を無償支給され製品に加工する取引

る非居住者に該当します。

　法人Xが行う加工作業は，非居住者である外国親会社A社に対して，外国親会社A社から支給される原材料を国内の工場で製品に加工するという役務の提供であり，上記①又は②には該当しません。さらに，この加工作業は，国内に所在する不動産の管理や修理等のように非居住者が国内において直接便益を享受するものとは認められないことから，上記③にも該当しません。

　したがって，法人Xが行う加工作業は，国内において行われる課税資産の譲渡等のうち，非居住者に対して行われる役務の提供で，国内において直接便益を享受するもの以外のものであり，消費税が免除されるものに該当します。

2 輸入消費税の取扱い

　消費税法30条1項は，事業者が保税地域から課税貨物を引き取った場合には，その課税貨物を引き取った日（保税地域から引き取る課税貨物につき特例申告書を提出した場合には，その特例申告書を提出した日又はその申告に係る決定の通知を受けた日）の属する課税期間の課税標準額に対する消費税額から，その課税期間における保税地域からの引取りに係る課税貨物につき課された又は課されるべき消費税額を控除する旨を規定しています。つまり，課税貨物の引取りについては，他の者から譲り受けたものであるかどうかに関わらず，保税地域から引き取る際に課された消費税額が控除の対象となります。

　法人Xは，外国親会社A社から無償で支給される原材料を保税地域から引き取り，その際，法人Xが，原材料に係る輸入申告書を税関長に提出し，輸入消費税を納付しています。

　したがって，法人Xは，原材料を引き取った日の属する課税期間の課税標準額に対する消費税額から，原材料について課された輸入消費税額を控除することができます。

　なお，この原材料は，上記1の役務の提供のためにのみ要するものですから，個別対応方式により控除対象仕入税額を計算する場合には，課税資産の譲渡等にのみ要する課税仕入れに区分することになります。

第2章 資産の譲渡等の時期

QUESTION 26
固定資産である建物の譲渡の時期

　公益法人Xは，法人税法上の収益事業である旅館業を営んでいましたが，これを廃業し，旅館として使用していた建物を譲渡しました。

　旅館業を廃止して建物の引渡し及び決済を行ったのは平成26年7月17日でしたが，その売買契約は平成26年3月29日に締結しており，契約書には，消費税の税率に関する記述はありません。また，財務諸表の記載は次のとおりです。

　① 契約の日が属する平成26年3月末の決算（平成25年4月1日から平成26年3月31日までの課税期間に係る決算）においては，まだ旅館業を廃止していなかったので，この建物を基本財産に示しています。
　② 引渡しの日が属する平成27年3月末の決算（平成26年4月1日から平成27年3月31日までの課税期間に係る決算）においては，建物の売却収入を計上しその決済状況について事業報告をしました。

　ただし，消費税については，消費税法基本通達9－1－13に示された契約日基準により，平成25年4月1日から平成26年3月末の課税期間において，契約日当時の税率である5％を適用して申告しています。

　ところが，税務調査において，調査官から，譲渡の日として認められるのは，引渡しの日であり，契約を締結した日の税率を適用することはできないと指摘されています。調査官の指摘は，消費税法基本通達9－1－13と違っていて不適切であると考えますが，いかがでしょうか。

　なお，譲渡先の法人Aは，引渡しの日である7月の課税仕入れとして税率8％を適用して仕入税額控除を行っているようですが，それならば，法人Aの仕入税額控除に係る税率を5％に修正するべきではないでしょうか。

ANSWER

1 固定資産である建物の譲渡の日

　国税通則法15条2項7号は，消費税について，「課税資産の譲渡等をした時」に納税義務が成立すると定めています。また，消費税の課税の対象は「国内において事業者が行った資産の譲渡等」（消法4①）であり※，資産の譲渡等とは，「事業として対価を得て行われる資産の譲渡及び貸付け並びに役務の提供」（消法2①八）をいいます。

　※　特定資産の譲渡等に該当するものを除きます。また，特定仕入れも課税の対象となります。

　これらの規定から，資産の譲渡等は，取引の相手方に対する財やサービスの提供と，それに伴う対価の獲得という事実が発生した時に認識することになります。

　固定資産の譲渡の時期について消費税法基本通達9－1－13は，「固定資産の譲渡の時期は，別に定めるものを除き，その引渡しがあった日とする。ただし，その固定資産が土地，建物その他これらに類する資産である場合において，事業者が当該固定資産の譲渡に関する契約の効力発生の日を資産の譲渡の時期としているときは，これを認める。」としており，固定資産のうち土地，建物等については，一般にその引渡しの事実関係につき蓋然性に乏しい場合が多いことから，契約の効力発生の日を資産の譲渡の時期とすることが認められています。契約において，その効力発生の日を定める特約事項が定められていない場合は，その契約は，その契約が成立した日に効力が発生することになります。したがって，固定資産である建物等の譲渡の時期については，引渡基準を原則としながら，契約日基準によることも認められ，その判断については，納税者の意思が尊重されるということになります。

2 税率の適用関係

　消費税の税率を引き上げることを定めた税制抜本改革法は，新旧税率の適用

関係について,「別段の定めがあるものを除き,新消費税法の規定は,施行日以後に国内において事業者が行う資産の譲渡等及び施行日以後に国内において事業者が行う課税仕入れ並びに施行日以後に保税地域から引き取られる課税貨物に係る消費税について適用し,施行日前に国内において事業者が行った資産の譲渡等及び施行日前に国内において事業者が行った課税仕入れ並びに施行日前に保税地域から引き取った課税貨物に係る消費税については,なお従前の例による。」(税制抜本改革法附則2)と定めています。

したがって,税率の引上げに当たっては,新税率施行後もなお旧税率を適用する経過措置の対象となる場合を除いて,その課税資産の譲渡等を行った時期がいつであったかにより,適用すべき税率を判断することになります。

上記**1**のとおり,固定資産である建物等の譲渡の時期については,引渡しの日又は契約の効力発生の日とされていることから,契約の効力発生の日が新税率の施行日前であり引渡しの日が施行日以後である場合には,契約の効力発生の日に資産の譲渡があったものと認識して旧税率を適用することも,引渡しの日に資産の譲渡があったものと認識して新税率を適用することも可能であると考えられます。

事業者がいずれを資産の譲渡の日として認識したかについては,契約に至った経緯,売買契約の合意内容,取引の実状,契約締結後の処理状況等を勘案して判断することになります。

3 調査官の指摘について

公益法人Xと法人Aは,平成26年3月29日に売買契約を締結しましたが,当時,旅館の営業は継続中で,その決済及び引渡しは,契約当初において7月頃になることが予定されていたようです。

また,公益法人Xの事業報告書,決算報告書等によれば,この建物は平成26年3月31日現在で公益法人Xの基本財産として計上されており,その売却収入は,引渡しの日を基準に,翌期に計上されています。

さらに,買主である法人Aは,この建物の課税仕入れについて引渡しの日を

基準に8％の税率を適用して仕入税額控除を行っています。

これらの事実を総合すると，この建物の所有権は，当事者の合意に基づき，平成26年7月17日に公益法人Xから法人Aに移転したものであり，契約を締結した平成26年3月29日を譲渡の時期とする当事者の合意があったとは言えません。そればかりか，公益法人X自身が，財務諸表において，引渡しの日である平成26年7月17日に譲渡があったと報告しています。したがって，消費税法の適用に関しても，この日をもってその譲渡の時期とするのが適切であると考えられます。

消費税法基本通達9－1－13は，契約の効力発生の日を譲渡の時期とすることを認めるものであって，譲渡の時期の認識にかかわらず引渡しの日又は契約の効力発生の日のいずれを基礎に納税額の計算を行ってもよいとするものではありません。

譲渡の日を平成26年7月17日と認識したのであれば，その日を基準として課税関係を整理するべきです。

4 取引当事者間で収益と費用の計上基準が異なる場合

平成26年1月20日に国税庁が公表した「消費税率引上げに伴う資産の譲渡等の適用税率に関するQ&A（平成26年1月）」の問1は，取引当事者間で収益と費用の計上基準が異なる場合の取扱いとして，事業者が，新税率施行日前に行った課税資産の譲渡等については，その譲渡を受けた事業者においても，施行前の規定に基づき仕入税額控除の計算を行うべきであるとしています。

消費税の仕入税額控除は税負担の転嫁のシステムであり，一の取引について，売上側と仕入側とで適用する税率が異なることを予定していません。したがって，たとえ取引当事者間で計上基準が異なる場合であっても，税率は一致していなければなりませんから，課税資産の譲渡等を行う事業者が適切に判断した税率がその取引について適用するべき税率となり，その税率に基づいて仕入税額控除の計算を行うことになります。

しかし，ご照会の場合は，公益法人Xにおいて，新税率の施行後に行った譲

渡について旧税率を適用しているのであり，その判断は適切であるとは言えません。法人Ａが新税率を適用して計算した仕入税額控除を誤りとして修正を求めることはできないでしょう。

【参照】
・ 名古屋高裁平成９年４月９日判決（平成９年８月４日最高裁確定）【税務訴訟資料第223号291頁】【日税連税法データベース（タインズ）コードＺ223－7899】

QUESTION 27

対価の額が確定していない売上げの計上時期

　法人Xは，機械の受注販売を行っており，通常，製造元から自社の倉庫に機械が搬入され検収作業を完了した時に仕入れを計上し，相手方に納品するため出荷した日に売上げを計上することとしています。

　当事業年度（当課税期間）においては，決算期末に出荷したA機械は，その仕様が特殊であることから，製造元から販売金額の確定に時間がかかるとの連絡を受け，販売先への請求額の計算が整わず，送付した納品書には金額が記入されていません。金額が確定して請求を起こすのは事業年度末の月の翌月となり，請求が遅れた分だけ支払いの期日も延長することになります。

　この場合，請求額が確定する翌事業年度において，この機械の課税仕入れ及び課税売上げの両方を計上することができるでしょうか。

ANSWER

1　資産の譲渡等の時期

　国税通則法15条2項7号は，消費税について，課税資産の譲渡等をした時に納税義務が成立すると定めています。また，消費税の課税の対象は「国内において事業者が行った資産の譲渡等」（消法4①）であり※，資産の譲渡等とは，「事業として対価を得て行われる資産の譲渡及び貸付け並びに役務の提供」（消法2①八）をいいます。

　※　特定資産の譲渡等に該当するものを除きます。また，特定仕入れも課税の対象となります。

　これらの規定から，資産の譲渡等は，取引の相手方に対する財やサービスの提供と，それに伴う対価の獲得という事実が発生した時に認識することになります。実務上は，消費税法基本通達第9章「資産の譲渡等の時期」に示された

基準に従い，取引の態様に応じた判断を行っています。

そして，消費税法基本通達9－1－1は，棚卸資産の譲渡を行った日は，その引渡しのあった日であるとしています。

棚卸資産の引渡しの日がいつであるかについては，例えば，出荷した日，相手方が検収した日，相手方において使用収益ができることとなった日，検針等により販売数量を確認した日等，その棚卸資産の種類及び性質，その販売に係る契約の内容等に応じてその引渡しの日として合理的であると認められる日のうち，事業者が継続して棚卸資産の譲渡を行ったこととしている日によることとなります（消基通9－1－2）。

法人Xは，A機械については，課税期間の末日までに出荷したものの，その販売した機械の仕様が特殊で製造元が金額を確定しないことから，販売先への請求額の計算が整わず，納品書に確定した販売額を記載していません。金額が確定して請求を起こすのは事業年度末の月の翌月となり，請求が遅れた分だけ支払いの期日も延長することになるとのことです。しかし，そのような事実は，資産の譲渡等の時期を遅らせる要素とはなりません。法人Xは，通常，出荷した日に売上げを計上しているのですから，たとえ，金額が確定していなくても，機械の出荷が完了している以上，当課税期間において資産の譲渡等を認識することとなります。

なお，資産の譲渡等を行った場合において，その資産の譲渡等をした日の属する課税期間の末日までにその対価の額が確定していないときは，同日の現況により適正に見積もった金額を資産の譲渡等の対価の額とします。そして，その後確定した対価の額が見積額と異なるときは，その差額は，その確定した日の属する課税期間における資産の譲渡等の対価の額に加算し，又はその対価の額から減算することになります（消基通10－1－20）。

2 仕入税額控除の時期

消費税法30条1項は，国内において課税仕入れを行った場合には，その課税仕入れを行った日の属する課税期間において仕入税額控除を行う旨を定めてい

QUESTION 27　対価の額が確定していない売上げの計上時期

ます。課税仕入れを行った日は，課税仕入れに該当することとされる資産の譲受け若しくは借受けをした日又は役務の提供を受けた日をいい，これらの日がいつであるかについては，別段の定めがあるものを除き，資産の譲渡等の時期の取扱いに準ずることとなります（消基通11－3－1）。

　法人Ｘは，当課税期間において，すでに課税仕入れを行っていますから，その課税仕入れの対価の額が確定していないという理由で，仕入税額控除の時期を翌課税期間とすることはできません。

　課税仕入れを行った場合において，その課税仕入れを行った日の属する課税期間の末日までにその支払対価の額が確定していないときは，同日の現況によりその金額を適正に見積もって，その課税仕入れを行った課税期間において仕入税額控除の対象とします。その後確定した対価の額が見積額と異なるときは，その差額は，その確定した日の属する課税期間における課税仕入れに係る支払対価の額に加算し，又はその課税仕入れに係る支払対価の額から控除します（消基通11－4－5）。

第3章
仕入税額控除

QUESTION 28

道路建設の負担金

　法人Xは，国道沿いにショッピングエリアを開発するため，関係機関と調整を行ってきました。警察署からは，付近の交通渋滞が生じないようにとの指導を受け，国道直下を横断する地下道を設置することになりました。そこで，市その他の関係機関と協議した結果，「協定書」が交わされ，市議会において議決されました。

　協定書には，次の事項が定められています。
① 横断地下道は，民間の占用通路として設置することは認められず，市が管理する公共の道路（市道）とする。
② 横断地下道建設工事は，市からの委託により，A工事事務所が施工する。
③ 法人Xは，横断地下道建設工事に係る事業費の全てを負担し，市に納入する。
④ 事業費は5億4,500万円とし，事業費の内訳は次のとおりである。

事業費の内訳	項目	金額
	工事費	5億円
	消費税等相当額	4,000万円
	市事務費	500万円
合計		5億4,500万円

　法人Xは，道路設置の対価を支払ったのですから，市に支払う5億4,500万円の全額を課税仕入れの対価として消費税の計算を行うべきと考えていますが，問題はないでしょうか。

QUESTION 28 道路建設の負担金

ANSWER

1 課税仕入れ

　消費税法30条1項は，事業者が国内において課税仕入れを行った場合には，当該課税仕入れを行った日の属する課税期間の課税標準額に対する消費税額から，当該課税期間中に国内において行った課税仕入れに係る消費税額につき課された又は課されるべき消費税額の合計額を控除する旨を規定しています。

　また，消費税法2条1項12号は，「課税仕入れ」とは，事業者が，事業として他の者から資産を譲り受け，若しくは借り受け，又は役務の提供を受けることであり，当該他の者が事業として当該資産を譲り渡し，若しくは貸し付け，又は当該役務の提供をしたとした場合に課税資産の譲渡等に該当することとなるものに限るものとしており，役務の提供からは，所得税法28条1項に規定する給与等を対価とする役務の提供が除かれ，課税資産の譲渡等のうち，輸出免税の取扱いを受けるものが除かれます。

2 法人Xが支払った工事負担金

　法人Xは，横断地下道は，民間の占用通路として設置することは認められないとする関係機関の判断により，工事の主体者とも工事委託者ともなり得ないために，市に対して道路設置工事を要請し，事業費として，その費用の全額である5億4,500万円を納入しています。

　その結果，横断地下道は，工事完成後は市道として認定され，市が管理していくものであり，法人Xに所有権が帰属するものとは認められません。

　また，横断地下道は，その建設工事について，負担金を支払った法人Xが負担金を支払っていない者に比して有利な条件で利用できるものではなく，法人Xの強い要請により建設が実行されたものであったとしても，法人Xにその利用権等が設定されたものとも認められません。負担金を支払っていない者であっても，法人Xと同様の条件で利用できるのであり，負担金を支払った者の便益が支払っていない者に比して著しく増大することに起因して徴収されたも

のではなく，また，工事負担金は専用利用権等の権利の設定の対価でもありません。

したがって，法人Xにおいては，資産を譲り受けず，資産を借り受けず，役務の提供も受けずに負担金を支払ったのですから，課税仕入れに該当しないということになります。

3 公共施設の負担金の取扱い

ところで，公共施設の負担金等について，消費税法基本通達5－5－6は，下記のとおり，明白な対価関係があるかどうかの判定が困難な負担金については，負担金を受ける国等において資産の譲渡等の対価に該当しないものとし，かつ，その負担金を支払う事業者がその支払を課税仕入れに該当しないものとすることを認めています。

> **消費税法基本通達5－5－6（公共施設の負担金等）**
>
> 　特定の事業を実施する者が当該事業への参加者又は当該事業に係る受益者から受ける負担金，賦課金等については，当該事業の実施に伴う役務の提供との間に明白な対価関係があるかどうかによって資産の譲渡等の対価であるかどうかを判定するのであるが，例えば，その判定が困難な国若しくは地方公共団体の有する公共的施設又は同業者団体等の有する共同的施設の設置又は改良のための負担金について，国，地方公共団体又は同業者団体等が資産の譲渡等の対価に該当しないものとし，かつ，その負担金を支払う事業者がその支払を課税仕入れに該当しないこととしている場合には，これを認める。
>
> 　（注）1　公共的施設の負担金等であっても，例えば，専用側線利用権，電気ガス供給施設利用権，水道施設利用権，電気通信施設利用権等の権利の設定に係る対価と認められる場合等の，その負担金等は，資産の譲渡等の対価に該当する。
>
> 　　　　2　資産の譲渡等の対価に該当するかどうかの判定が困難な公共的

> 施設の負担金等について，この通達を適用して資産の譲渡等の対価に該当しないものとする場合には，国，地方公共団体又は同業者団体等は，その旨をその構成員に通知するものとする。

　しかし，法人Xが納入した負担金は，それによって受ける役務の提供等がなく，対価関係がないものであることが明白であるので，たとえ協定書に消費税相当額の記載があっても，それによって，負担金が資産の譲渡等の対価となり，法人Xにおいて課税仕入れに該当することになるものではありません。

　協定書には，その内訳として消費税等相当額が明示されていますが，法人Xは，事業費の全てを負担するものとされており，その負担金の積算根拠として工事について生じる消費税等の額が示されていると解するべきでしょう。

【参照】
- 平成15年6月13日裁決【裁決事例集第65集】【日税連税法データベース（タインズ）コードJ65-5-55】

QUESTION 29

会計参与の報酬

　法人Xは，内国法人であり，会計参与設置会社です。これまで顧問税理士に会計参与をお願いして報酬を支払っており，役員給与として処理し，消費税の課税関係は生じないものとしてきました。今般，顧問税理士から税理士法人を設立すると連絡を受けました。今後は，会計参与の報酬は税理士法人に支払うことになりますが，その場合，消費税の課税関係に何か影響があるのでしょうか。

ANSWER

1　会　計　参　与

　会計参与は，取締役に並ぶ株式会社の機関であり（会社法326②），会計参与を置く株式会社を「会計参与設置会社」といいます。会計参与は，取締役と共同して，計算書類及びその附属明細書等を作成し，会計参与報告を作成します（会社法374①）。

　ただし，取締役の職務の執行に関し不正の行為や法令又は定款に違反する重大な事実があることを発見した場合には報告の義務があり（会社法375），計算書類の作成に関して会計参与が取締役と意見を異にするときは，株主総会において意見を述べることができるなど，取締役とは独立した立場とされており，株式会社の計算書類の記載の正確さに対する信頼を高める役割を担っています。

　会計参与は，公認会計士，監査法人，税理士又は税理士法人のいずれかでなければならず，これらであっても次に該当する者は会計参与となることができません（会社法333①③）。

　①　その株式会社又はその子会社の取締役，監査役若しくは執行役又は支配人その他の使用人

　②　業務の停止の処分を受け，その停止の期間を経過しない者

③ 税理士法43条（業務の停止）の規定により他士業の懲戒処分を受け税理士業務を行うことができない者

なお、監査法人又は税理士法人が会計参与となった場合には、監査法人又は税理士法人その社員の中から会計参与の職務を行うべき者を選定し、これを株式会社に通知することとされています（会社法333②）。

法人税法における役員には会計参与が含まれ（法法２十五）、株式会社が会計参与に支払う報酬は、役員給与に関する定めに服することになります。

2 課税仕入れ

課税事業者が、国内において課税仕入れを行った場合には、その課税仕入れを行った日の属する課税期間の課税標準額に対する消費税額から、その課税期間中に国内において行った課税仕入れに係る消費税額を控除するものとされています（消法30①）。

この場合の課税仕入れとは、「事業者が、事業として他の者から資産を譲り受け、若しくは借り受け、又は役務の提供（所得税法28条１項（給与所得）に規定する給与等を対価とする役務の提供を除く。）を受けること」であり、当該他の者が事業としてその資産を譲り渡し、若しくは貸し付け、又は当該役務の提供をしたとした場合に課税資産の譲渡等に該当することとなるもので、消費税法７条に列挙された輸出免税の対象となるもの及び法律又は条約の規定により消費税が免除されるもの以外のものをいいます（消法２①十二）。つまり、課税仕入れは、その相手方が課税事業者であると仮定した場合に、その相手方において消費税が課税され、課税標準額の計算の基礎となるものです。そうすると、給与等を対価とする役務の提供であっても、課税事業者であると仮定すると課税仕入れに該当することになってしまうので、特に「所得税法28条１項（給与所得）に規定する給与等を対価とする役務の提供を除く。」という文言をおいています。

3 会計参与が公認会計士又は税理士である場合

　役務の提供について課税仕入れに該当するかどうかを判定する場合において，役務の提供を行った者が個人であるときは，まず，その役務の提供を行った者において，その対価の額が，所得税法上，給与所得の収入金額に該当するものであるかどうかを確認しなければなりません。

　上述のとおり，会計参与の報酬は，法人税法上役員給与に該当し，その支払いを受ける者が個人である場合には，所得税法上，給与所得の収入金額となります。

　したがって，公認会計士又は税理士が会計参与である場合の報酬は，その支払いをする事業者の課税仕入れに該当しません。

4 会計参与が監査法人又は税理士法人である場合

　会計参与が監査法人又は税理士法人である場合には，その報酬が給与を対価とする役務の提供に該当することはありません。所得税は，個人を納税主体とする税であり監査法人及び税理士法人は，所得税の納税主体ではないからです。

　次に，会計参与において，その報酬に消費税が課税され，課税標準額の計算の基礎となるかどうかを確認します。

　法人が行う行為は全て「事業として」行われるものです（消基通5－1－1（注）2）。そして，会計参与として役務を提供しその対価を得る行為が国内において行われていますから，その役務の提供は，課税の対象となります。また，会計参与としての役務の提供は，非課税資産の譲渡等に該当するものではなく，輸出免税の対象となるものでもありません。

　したがって，税理士法人が受ける会計参与の報酬は，それが法人税法上，役員給与に該当するとしても，消費税においては，事業者が国内において行った課税資産の譲渡等の対価として課税の対象になりますから，法人Xにおいては課税仕入れに該当することになります。

QUESTION 30

採石のための土地の購入

　法人Xは，砂利・砕石，コンクリート製品等の製造販売等を行う株式会社です。このたび，岩石及び土砂（以下「岩石等」という）を採取する目的で，土地を購入して所有権を移転し，採石法33条に基づき，採取計画の認可を受けました。

　この土地の取得は，土地に係る売買契約という形式であり，売主は，分離課税の長期譲渡所得として確定申告をしたようです。

　しかし，法人Xにおいては，地中及び地表に存する岩石等の購入を目的としており，売主も，これを十分承知していたため，土地の代金は，採石量を基礎に算出しています。また，この土地は，岩石等の採取以外に利用方法のない山林で，岩石等の価値を除くと経済的には無価値であり，採石後は県の条例により植林等環境保全措置が義務付けられていて，土地そのものの経済的価値としてはマイナスとなります。したがって，売り主に支払ったのは，実質的には，土地の譲渡の対価ではなく，岩石等の採取権の設定に係る対価（採石権ないし土石の対価）であると認識しています。

　こうした当事者の意思や取引の実態等に照らすと，法人Xにおいてこの土地の購入は課税仕入れになると考えていますが，よろしいでしょうか。

ANSWER

1　課税仕入れの範囲

　消費税は，消費に広く薄くその負担を求めるものであり（税制改革法10①），前段階税額控除方式を採用しています（税制改革法10②）。すなわち，消費税は，流通の各段階において，課税資産の譲渡等に対しその譲渡等の対価の額を課税標準として課税し，取引の各段階で課税されることによる税負担の累積を防止するため，その課税の前段階の税額に当たる課税仕入れに係る消費税額を

課税標準額に対する消費税額から控除するものとしています。

　このような観点から，消費税法は，「課税仕入れ」の意義について，「事業者が，事業として他の者から資産を譲り受け，若しくは借り受け，又は役務の提供（所得税法に規定する給与等を対価とする役務の提供を除く。）を受けること（当該他の者が事業として当該資産を譲り渡し，若しくは貸し付け，又は当該役務の提供をしたとした場合に課税資産の譲渡等に該当することとなるもので，法7条1項各号に掲げる資産の譲渡等に該当するもの及び法8条1項その他の法律又は条約の規定により消費税が免除されるもの以外のものに限る。）をいう。」（消法2①十二）と規定しています。

　また，「課税資産の譲渡等」とは，資産の譲渡等のうち，消費税法6条1項の規定により消費税を課さないこととされるもの以外のものであり（消法2①九），消費税法6条1項を受けた別表第一は，その1号に，「土地（土地の上に存する権利を含む。）の譲渡及び貸付け（一時的に使用させる場合その他の政令で定める場合を除く。）」を掲げています。

　このような仕入税額控除の趣旨や目的，消費税法の規定等に照らすと，非課税資産の譲渡等とされている「土地の譲渡」が課税仕入れに含まれないことは明らかです。

2　採石を目的とした土地の譲渡

　法人Xと地権者（売主）との間では，土地等を目的物とする不動産売買契約書が取り交わされ土地の代金の授受が行われたこと，売主から法人Xへ土地の所有権移転登記がされたこと，売主が土地の取引による所得が土地の譲渡所得に該当することを前提として分離課税の長期譲渡所得として確定申告をしたことが認められます。これらの事実によると，この土地の取引は，土地の売買契約であって，消費税法において非課税資産の譲渡等となる「土地の譲渡」に該当することになります。

　法人Xは，①この取引は岩石等の購入を目的としており，売主もこれを承知していたこと，②対価の額が，採石量によって算出されたこと，③この土地は，

岩石等の価値を除くと経済的に無価値であること等を理由として，この土地について行われた取引の対象は採石する岩石等であって，取引の法的実質は採石権の設定ないし岩石等の売買に当たり，土地の譲渡に該当せず，法人Xにおいては課税仕入れとして仕入税額控除の対象になると考えておられるようです。しかし，①は，契約締結に当たっての動機にすぎず，②の点については，そのような事実があったとしてもそれは代金額の定め方の問題にすぎず，いずれも土地の譲渡であるという判断に影響を及ぼすものではありません。③の点についても，岩石等の価値を除くと実質的には無価値の土地であるため，この取引が経済的には採石権の設定ないし土石の売買と同等に評価できるものであるとしても，それによって，直ちに取引の法的性質が左右されるわけではなく，土地の譲渡であることを否定するものではありません。

　課税仕入れに該当するためには，消費税法6条1項による非課税取引でないことを要することは法律で明確に定められており，非課税取引に該当するか否かの判断を私法上の法律関係に即して行うことは当然であって，当事者が選択した法形式にかかわらず「経済的な実質」によって判断するということは，法的安定性を害するものであり，租税法の解釈として適当ではありません。

3　法人税の取扱いとの比較

　ところで，法人税においては，「土石又は砂利を採取する目的で取得した土地については，法人がその取得価額のうち土石又は砂利に係る部分につき旧生産高比例法又は生産高比例法に準ずる方法により計算される金額以内の金額を損金の額に算入したときは，これを認める。」（法基通7－6－3）こととされています。これは，土地の購入の対価であっても，岩石等を取得する目的で土地を取得する際には，岩石等の対価に相当する部分を損金の額に算入するものであり，これに比べれば，消費税の取扱いはバランスを欠くような印象があります。

　しかし，両者の取扱いの違いは，法人税法が法人の所得の適正な計算という観点から損金算入の可否を定めているのに対し，消費税法は，課税の累積を排

除するために，流通の前段階の税額を控除する仕組みにおいて課税仕入れの範囲を定めていることから生じるものです。このような両者の趣旨，目的が異なることからすれば，その取扱いに差異が存在するとしても問題はないと言えます。

4　採石のための採石権の設定と賃借権の設定

　他人の土地に採石法による採石権を設定して行う採石は，課税仕入れとなります。これは，土地の利用権の設定に基づく採石であり，土地の所有権の移転とは法的性質が異なるものです。

　この場合，採石法による採石権を設定することに代えて，土地の賃貸借の形態により採石している例が見られますが，土地の賃貸借の形態により行われる採石であっても，採石法33条に規定する採取計画の認可を受けて行うべき採石であれば，その賃貸料及び採石料は，物権である採石権を設定して採石する場合の採石料と同様に非課税取引から除くこととされています（消基通6－1－2）。

　また，他人の土地で砂利の採取を行う場合は，一般に賃貸借の形態により行われますが，この場合も砂利採取法16条の規定により採取計画の認可を受けて行われるべきものであれば，その賃貸料及び採取料は，砂利の採取の対価として課税の対象となります（消基通6－1－2）。

【参照】
・　名古屋地裁平成24年7月26日判決【税務訴訟資料　第262号－161（順号12011）】【日税連税法データベース（タインズ）コードＺ262－12011】

QUESTION 31

軽油引取税相当額の支払いに係る仕入税額控除

　法人Ｘは，法人Ａから軽油を購入しています。

　法人Ａの請求書には，軽油の販売数量に軽油引取税の税率を乗じた額が「軽油引取税額」に，「軽油引取税額」を含まない軽油の金額に対する消費税等の額が「消費税額」に，「軽油引取税額」及び消費税等の額を含んだ軽油の販売の合計金額が「軽油合計」に，それぞれ記載されています。

　これらの請求書に記載された金額のうち，いずれを消費税の課税仕入れの対価の額とすべきでしょうか。

　なお，法人Ａは，軽油引取税の特別徴収義務者の指定を受けておらず，軽油の販売に関し，特約業者等との間で委託販売契約を締結していないことを確認しています。

ANSWER

1　課税仕入れ

　消費税法２条１項12号は，課税仕入れとは，事業者が事業として他の者から資産を譲り受け，若しくは借り受け，又は役務の提供を受けることをいう旨を規定しています。租税は，法律の定めに基づいて課されるものであって対価性はなく，他の者から資産を譲り受け，若しくは借り受け，又は役務の提供を受けるものではありません。

　軽油引取税は，法律の定めに基づいて課される租税であり，軽油引取税を納税義務者として支払う場合には，軽油引取税に相当する金額は，課税仕入れに係る支払対価の額には該当しません。

2　軽油引取税の課税関係

　地方税法144条の２第１項は，軽油引取税の納税義務者を，特約業者等（特

約業者又は元売業者）から軽油を引き取る者と定めています。したがって，本来であれば，その軽油を引き取る者が納税義務者として直接，軽油引取税を納入すべきこととなりますが，徴収方法の合理化，簡素化等の理由から，同法144条の13及び144条の14により，特約業者等が，その主たる事務所又は事業所が所在する道府県知事から指定を受けて特別徴収義務者となり，軽油引取税を徴収し，納入するものとされています。そうすると，軽油を引き取る者が特別徴収義務者である特約業者等に対して支払う軽油引取税に相当する金額は，特約業者等が納税義務者から租税として預かったものにすぎず，軽油の対価ではありません。

　また，軽油を販売する業者が特約業者等でなくとも，特約業者等との間で委託販売契約を締結している受託販売業者の場合においては，軽油引取税相当額は，課税の対象外となります。受託販売業者は，自己の名において委託者である特約業者等の計算で販売を行い，自らは委託者である特約業者等から手数料を受領しているにすぎません。受託販売業者が委託販売契約に基づいて軽油を販売した場合も，特約業者等の場合と同様に，受託販売業者が受け取った軽油引取税に相当する金額は預り金にすぎず軽油の対価ではありません。

　したがって，軽油を引き取る者が支払う軽油引取税に相当する金額は，特別徴収義務者である特約業者等又は受託販売業者から軽油を引き取る場合には課税仕入れに係る支払対価の額に該当せず，特約業者等又は受託販売業者ではない者から軽油を引き取る場合には課税仕入れに係る支払対価の額に該当するということになります。

3　法人Aへの支払いについて

　法人Aは，軽油引取税の特別徴収義務者である特約業者等又は受託販売業者のいずれにも該当しないことが確認されています。したがって，法人Xは，法人Aからの軽油の購入に関して，軽油引取税の納税義務を負わないので，法人Aに支払う金額は，法人Aが法人Xあてに発行した請求書に軽油引取税として区別して記載されていたとしても，軽油の対価の一部であり，課税仕入れに係

QUESTION 31　軽油引取税相当額の支払いに係る仕入税額控除

る支払対価の額に該当します。

4　請求書の記載

　しかし，一般的に，資産の譲渡等を行う者が発行する請求書に，軽油引取税が区分して記載され，その軽油引取税を含まない軽油の対価に対応する消費税等の金額が記載されている場合には，その仕入先は，特別徴収義務者たる特約業者等又は特約業者等と委託販売契約を締結した事業者であるようにみえ，支払いを行う事業者には，その真偽を確認する方法もないことから，税務調査において，疑義が呈されることも考えられます。

　したがって，資産の譲渡等を行う者が，特約業者等又は受託販売業者のいずれにも該当しない場合には，課税対象外となる軽油引取税相当額がないことが確認できるような請求書等の記載とするよう要請する，といったことも有用であると思われます。

【参照】
- 平成23年12月13日裁決【裁決事例集第85集】【日税連税法データベース（タインズ）コードJ85－4－19】

QUESTION 32

土地及び建物を一括取得した場合の対価の区分

　法人Xは，土地及び建物を1億1,080万円で一括取得しました。売買契約書には，土地の価額は1億円，建物の価額は1,000万円（外消費税等80万円）と記載されています。

　この金額は，売主であるA社から売却価額の査定の依頼を受けた不動産売買の仲介業者であるB社が売却価額算定資料として作成した不動産調査報告書を参考に決定したものです。しかし，固定資産税評価額を確認してみると，土地の固定資産税評価額は1億円，建物の固定資産税評価額は4,000万円あり，この価格比によれば，建物の価額は30,949,721円（税込33,425,698円）となり，売買契約書に記載された建物の価額は時価を反映したものであるとは言えません。

　消費税法施行令45条3項は，土地建物の一括譲渡については，時価の比で按分した合理的な価額を基にそれぞれの対価の額を算定する旨を定めています。

　したがって，固定資産税評価額の価額比によって算出した建物の額をもとに，法人税においては減価償却費の計算を行い，消費税においては控除対象仕入税額の計算を行いたいと考えておりますが，よろしいでしょうか。

　なお，法人X，A社及びB社に，出資及び被出資の関係はなく，また，この契約以外に取引関係もなく，各社の役員に親族関係はありません。

ANSWER

1 建物の減価償却に係る取得価額

　法人税法施行令54条1項1号は，購入した減価償却資産の取得価額は，その資産の購入の代価とその資産を事業の用に供するために直接要した費用の額の合計額とするものと規定しています。

QUESTION 32 土地及び建物を一括取得した場合の対価の区分

　土地及び建物を一括取得した場合において、売買契約書に土地、建物それぞれの価額が記載されているときは、契約当事者が通謀して租税回避の意思や脱税目的等の下に、故意に実体と異なる内容を契約書に表示したなどの特段の事情が認められない限り、その契約書における記載内容どおりの契約意思の下に契約が成立したものと考えられます。したがって、その価額に特段不合理な点が認められない限り、契約当事者双方の契約意思が表示された契約書記載の建物の価額が、建物の購入の対価であるということになります。

　ご質問の内容からすると、この売買契約は、法人X及びA社が、契約当事者として契約書に記載された内容で合意し、契約の締結に至ったものと認められ、両者の間に、同族会社であるなど特殊な利害関係あるいは租税回避の意思や脱税目的等の下に故意に実体と異なる内容を契約書に表示したなどの事情は認められません。

　また、契約書に記載された建物の価額は、売主が不動産売買の仲介業者にこの土地建物の売却価額の査定を依頼し、その報告書を参考に決定したものであって、固定資産税評価額を下回っているものの、契約に至る経緯からすると特段不合理なものとする理由は見当たりません。

　したがって、固定資産税評価額の比で按分する方法によって計算した金額をこの建物の取得価額とすることは認められません。契約書に記載された建物の価額である1,000万円（税込経理方式である場合には1,080万円）をその取得価額として減価償却費の計算を行うことになります。

2　課税仕入れの対価の額

　消費税法30条1項は、事業者が、国内において行う課税仕入れについては、その課税仕入れを行った日の属する課税期間の課税標準額に対する消費税額から、その課税期間中に国内において行った課税仕入れに係る消費税額（その課税仕入れに係る支払対価の額に108分の6.3を乗じて算出した金額）の合計額を控除するものとしています。

　ここにいう課税仕入れに係る支払対価の額とは、課税仕入れの対価として支

払い,又は支払うべき一切の金銭又は金銭以外の物若しくは権利その他経済的な利益の額とし,その課税仕入れに係る資産の譲渡等を行う事業者に課されるべき消費税額及び地方消費税額に相当する額がある場合には,その相当する額を含むものとされています(消法30⑥)。

　課税資産である建物と非課税資産である土地とを一括して譲り受けた場合において,売買契約書に土地,建物それぞれの価額が記載されている場合には,上記❶に示したような特段の事情が認められない限り,その契約書における記載内容どおりの契約が成立したと認められるのであり,その価額に特段不合理な点が認められない限り,建物,土地それぞれの対価の額は,その契約書の記載によることになります。

　したがって,ご質問の場合,建物の課税仕入れに係る支払対価の額は,契約書に記載された建物の価額1,080万円となります。

❸　合理的に区分されていない場合

　消費税法施行令45条3項は,「事業者が課税資産と非課税資産とを同一の者に対して同時に譲渡した場合において,これらの資産の譲渡の対価の額が課税資産の譲渡の対価の額と非課税資産の譲渡の対価の額とに合理的に区分されていないときは,当該課税資産の譲渡等に係る消費税の課税標準は,これらの資産の譲渡の対価の額に,これらの資産の譲渡の時における当該課税資産の価額と当該非課税資産の価額との合計額のうちに当該課税資産の価額の占める割合を乗じて計算した金額とする。」と規定しています。

　法人Xは,この規定に照らし,建物の課税仕入れに係る支払対価の額は,土地及び建物の各時価の比により按分した合理的な価額を基に算定すべきであり,その時価は,固定資産税評価額であると考えておられるようです。

　しかし,消費税法施行令45条3項は,消費税の課税標準の額の計算において,課税資産と非課税資産を一括して譲渡した場合にそれぞれの資産の譲渡に係る対価の額が合理的に区分されていない場合に,これらの資産の譲渡の対価の額をそれぞれの資産の時価の比により区分する旨を定めたものです。

QUESTION 32　土地及び建物を一括取得した場合の対価の区分

　法人ＸとＡ社との取引においては，売買契約書において建物及び土地の価額が区分して明示されている上，その価額に特段不合理な点は認められないため，消費税法施行令45条３項の規定は適用されません。

【参照】
・　平成20年５月８日裁決【裁決事例集第75集】【日税連税法データベース（タインズ）コードＪ75－５－42】

QUESTION 33
調剤薬局が仕入れた医薬品の用途区分

　法人Xは，医薬品及び日用雑貨を販売する株式会社です。Y店は，厚生労働大臣の指定を受けた保険薬局，いわゆる調剤薬局であり，保険医等の処方せんに基づく医薬品の販売を行っています。ただし，健康保険法等が適用されない自費診療による販売等が必ず発生し，これは，非課税になりません。

　Y店における当課税期間の非課税売上高は1億9,900万円，保険適用外の課税売上高は100万円で，Y店以外に非課税売上げはなく，他の店舗で生じた課税売上高は2億円です。

　Y店では，課税仕入れについて，他の保険薬局から仕入れた医薬品は，健康保険法等が適用され非課税売上げ用として使用されるものですから，仕入高勘定の摘要欄に「○○調剤薬局小分け，非課税用」と記載することにより非課税売上対応分に区分しています。

　また，問屋から仕入れた調剤薬品は，保険医等からの処方せんに基づき販売されるもののほか，他の保険薬局への販売又は自費診療分としての販売に使用されるものがあり，販売後でなければ販売先が明らかにならず，しかもその時に明らかになるのは品名及び数量のみであって，何時，いくらで仕入れたものを販売したのかということを特定することは不可能です。したがって，仕入高勘定の「摘要」欄に「○○月分，共通用」と記載することにより共通対応分に区分しています。

　しかし，社内では，①Y店が厚生労働省の指定を受けた保険薬局であること，②Y店における課税売上げの割合0.5％と法人全体の課税売上割合の50.25％がかけ離れていることから，共通対応分とすることはできないのではないかという疑義が生じています。

　どのように判断したらいいでしょうか。

QUESTION 33　調剤薬局が仕入れた医薬品の用途区分

ANSWER

1　仕入税額控除制度

　消費税は，その最終的な税負担をいわゆる最終消費者に求める税ですが，広く公平な税負担を求めるという観点から，国内において行われるほとんど全ての取引を課税の対象とし，納税義務者は，生産や流通等の各段階において課税資産の譲渡等を行う各事業者としています。

　その上で，生産や流通等の各段階における取引で二重，三重に税が課されて税に相当する負担が累積することがないように，仕入税額控除の制度が設けられています。

　具体的には，その課税期間における課税売上高が5億円以下であり（事業が大規模でない），かつ，課税売上割合が95％以上である（非課税売上高の比率が低い）場合には，納税関係の事務の負担への配慮等といった観点から，課税仕入れ等と売上げとの個別的な対応関係を問うことなく，その課税期間中の課税仕入れ等に係る消費税額の全額が控除対象仕入税額となります（消法30①）。

　他方，その課税期間における課税売上高が5億円を超える場合又は課税売上割合が95％未満である場合には，控除対象仕入税額は，個別対応方式又は一括比例配分方式により算定することになります（消法30②④）。

　個別対応方式とは，その課税期間中に事業者が行った課税仕入れ等の全てを，

　①　課税資産の譲渡等にのみ要するもの（課税売上対応分）
　②　その他の資産の譲渡等にのみ要するもの（非課税売上対応分）
　③　課税資産の譲渡等とその他の資産の譲渡等に共通して要するもの（共通対応分）

のいずれかに区分した上で，課税売上対応分の税額全額に，共通対応分の税額に課税売上割合を乗じて計算した金額を加算した合計額を仕入税額控除の対象とする方式です（消法30②一）。個別対応方式を適用するためには，その課税期間中において行った課税仕入れ等の全てについて，①②③の区分が明らかにされていなければなりません（消法30②一，④）。

また，一括比例配分方式とは，その課税期間中に事業者が行った課税仕入れ等の税額の全額に課税売上割合を乗じて算出した金額を控除対象仕入税額とする方式です（消法30②二）。

2　課税仕入れ等の用途区分の方法

　個別対応方式を適用する場合の「その区分が明らかにされている」という要件については，どの程度まで，どのような方法で，それぞれの区分を明確にしておけばよいのか，現行法上明記する規定はありません。

　ただし，消費税法基本通達11－2－18は，「……課税仕入れ等の中から課税資産の譲渡等にのみ要するものを抽出し，それ以外のものを全て課税資産の譲渡等とその他の資産の課税資産の譲渡等以外の資産の譲渡等に共通して要するものに該当するものとして区分することは認められない」と示しています。したがって，事業者が，合理的な根拠に基づいて全ての課税仕入れ等の用途を区分していれば，その区分が認められることとなります。

　また，その区分を明らかにする方法についても，具体的な方法が法令に規定されていないことから，消費税法30条8項に定められた帳簿において区分しておく，同条9項に定められた請求書等を区分して編てつしておく，といった方法でその区分を明らかにしておけば，個別対応方式を適用するための要件を満たしているということになります。

3　課税仕入れ等の区分の時期

　消費税法30条1項1号は，国内において行った課税仕入れに係る消費税額の控除は，その課税仕入れに係る売上げが実現したかどうかに関わりなく，その課税仕入れを行った日の属する課税期間において行うものと定めています。

　個別対応方式はこれを前提にして定められた計算方法であり，課税仕入れについての用途区分は，いずれも「要するもの」という文言が用いられ，実際にどのような用途に用いたかという結果による区分を要求していません。

　したがって，課税仕入れについての用途区分は，その課税仕入れを行った日

の状況によって判定することとなります。

4 保険薬局における非課税

　健康保険法70条1項は、保険薬局は、保険薬剤師に調剤に当たらせるほか、厚生労働省令で定めるところにより、療養の給付を担当しなければならない旨を規定し、保険薬剤師が保険調剤に用いることができる医薬品は、使用薬剤の薬価（薬価基準）に収載されている医薬品に限定されています（保険薬局及び保険薬剤師療養担当規則9）。

　健康保険法等の規定に基づく療養の給付は、消費税法別表第一の6号に掲げられ、非課税資産の譲渡等となります（消法6①）。

5 保険薬局における医薬品の仕入れの用途区分

　法人Xが経営するY店は、保険薬局（調剤薬局）であり、保険調剤に用いるために、薬価基準に収載されている医薬品（以下「調剤薬品」といいます）の仕入れを行っています。しかし、保険薬局においても、健康保険法等が適用されない自費診療による販売等（課税売上げ）が必ず発生します。

　法人Xは、個別対応方式を選択し、他の保険薬局から仕入れた調剤薬品は健康保険法等が適用される非課税売上げ用以外には使用されないのでその旨を帳簿に記載し、他方、問屋から仕入れた調剤薬品は、①医師の指示書による販売、②保険薬局への小分販売、③自費診療（患者負担10割）による販売のいずれになるか不明であることからその旨を帳簿に記載して共通対応分に区分しています。

　問屋から仕入れた調剤薬品は、仕入れた時点では使用目的が決まっておらず、そのほとんどが非課税売上げ用として使用されるとしても、現実に、非課税売上げのほか、②保険薬局への小分販売、③自費診療による販売という課税売上げが発生しています。そうすると、その仕入れた時点においては、課税売上げのみに要する課税仕入れに該当するとも、非課税売上げのみに要する課税仕入れに該当するともいえません。したがって、その区分は、共通対応分の課税仕

入れとなります。

　法人Xは、Y店が厚生労働省の指定を受けた保険薬局であることから、健康保険法等の規定により保険医等から交付された処方せんに基づき療養の給付として薬品等の支給を行うことが本来の事業であり、調剤薬品の仕入れは、専ら保険薬局として非課税となる健康保険法等が適用される非課税売上げを行うための仕入れと判断しなければならないのではないかとご心配をされているようです。他の保険薬局に対する販売や健康保険法等が適用されない自費診療に係る販売は、保険薬局において、本来の目的とは別に事後的に発生するものですが、現実的に課税売上げが日常的に発生しており、その区分の判定時期である課税仕入れの時点においては、非課税資産の譲渡等にのみに要する課税仕入れであるということはできません。

6　Y店の課税売上げの割合が法人の課税売上げ割合と乖離していることについて

　また、Y店における非課税売上高は1億9,900万円、課税売上高は100万円で、Y店以外の店舗で生じた課税売上高は2億円です。そうすると、Y店において生じる課税売上げの割合はわずか0.5％、これに対し、課税売上割合は50.25％となり、実態とかけ離れた控除税額が計算されることになるので、税の累積を避けるために仕入れに含まれている消費税額を控除するという仕入税額控除の制度の趣旨からして、そのような計算が認められるのか疑問をお持ちのようです。

　しかし、個別対応方式による計算においては、共通対応分の課税仕入れ等に係る控除税額は、共通対応分に係る消費税額の合計額に課税売上割合を乗じて計算した金額とされており、課税売上割合は、その課税期間中に国内において行った資産の譲渡等の対価の額の合計額のうち課税資産の譲渡等の対価の額の合計額に占める割合とされています。法令において、このように計算方法が定められている以上、たとえ、Y店における課税売上げの割合がごくわずかであったとしても、そのことは、共通対応分に区分することを妨げる理由になり

QUESTION 33　調剤薬局が仕入れた医薬品の用途区分

ません。

【参照】
- 平成18年2月28日裁決【日税連税法データベース（タインズ）コード J 71 − 5 − 31】

QUESTION 34

その課税期間に非課税売上げが生じなかった賃貸建物の用途区分

　法人Ｘは，９月１日から８月末日までを事業年度とする株式会社です。〇１年８月，発注していた建物の新築工事が完了し，建物Ａの引渡しを受け，２億円（別途消費税等1,600万円）を支払いました。

　この建物は，１階及び２階は店舗用であり，３階から10階までの各階には，「ＬＤＫ」及び「洋室」が配置された居室が設けられ，各居室にはユニットバスとシステムキッチンが備え付けられています。

　建物の完成直後，法人Ｙとの間で，１階部分を雑貨店として使用する条件で賃貸する契約を締結し，保証金及び８月分の日割り賃料，９月分の月額賃料を受領しました。

　また，賃貸の仲介業者であるＺに各居室の賃貸借に係る仲介業務を委託し，各居室を住宅として貸し付ける旨の募集をしたものの，上記以外の契約はなく，事業年度の末日において空室となっています。

　そうすると，この建物Ａについては，課税期間を通して課税売上げだけが生じているものですから，個別対応方式を適用するに当たり，建物Ａの建築費に係る課税仕入れは課税売上対応分に区分するべきと考えていますが，よろしいでしょうか。

ANSWER

１　個別対応方式における用途区分の判定時期

　個別対応方式の適用に当たって，課税仕入れ等の用途区分の判定を行う時期はいつであるのかを考えてみると，次のような点を指摘することができます。

　① 消費税法30条１項は，課税仕入れを行った日の属する課税期間において仕入税額控除を行う旨を規定していること

QUESTION 34 その課税期間に非課税売上げが生じなかった賃貸建物の用途区分

② 個別対応方式における用途について、消費税法30条2項1号は、「課税資産の譲渡等にのみ要するもの」、「その他の資産の譲渡等にのみ要するもの」、「課税資産の譲渡等とその他の資産の譲渡等に共通して要するもの」と規定しており、その文言上、現実にいずれの資産の譲渡等に要したものであったのかという結果は問題としていないこと
③ 仕入れた資産の譲渡等は、実際問題として、必ずしもその仕入れた日の属する課税期間中に行われるとは限らないこと
④ 消費税法34条（課税業務用調整対象固定資産を非課税業務用に転用した場合の仕入れに係る消費税額の調整）及び35条（非課税業務用調整対象固定資産を課税業務用に転用した場合の仕入れに係る消費税額の調整）は、課税仕入れを行った日の属する課税期間中に用途を変更した場合であっても、適用されること

これらの点に照らすと、課税仕入れの用途区分は、その課税仕入れが行われた日の状況に基づき、客観的に判断すべきものと解することになります。

仮に、課税期間の末日において現実に生じている資産の譲渡等によって判断することとすれば、事業者が課税仕入れを行っても、その後にその課税仕入れに対応する資産の譲渡等が実際に行われない限り、用途区分を判断することができないということになります。消費税法基本通達11-2-20は、課税仕入れ等の用途の「区分は、課税仕入れを行った日又は課税貨物を引き取った日の状況により行うこととなる」と確認しています。

なお、課税仕入れ等を行った日において、その区分が明らかでない場合には、その課税仕入れ等は共通対応分に区分することになりますが、その日の属する課税期間の末日までにその区分が明らかにされたときは、その明らかにされたところにより、用途区分を行うことが認められます（消基通11-2-20）。

2 建物Aの用途区分

建物Aは、法人Xの注文に基づき、店舗及び住宅を有する建物として、設計及び建築当時から、1階及び2階部分は店舗として、3階ないし10階までの各

居室は居住用住宅として貸し付けることが予定されており，法人Xは，仲介業者Zに対し，各居室を住宅として貸し付けるための賃借人の募集を委託しています。

　そうすると，建物Aの課税仕入れが行われた日の状況から客観的に判断すると，建物Aは，「課税資産の譲渡等」である住宅以外の貸付けのみを目的として取得したものであるということも，また，「その他の資産の譲渡等」（非課税売上げ）に当たる住宅の貸付けのみを目的として取得したものであるということもできません。

　したがって，建物Aの取得に係る課税仕入れは，共通対応分に区分することとなります。

【参照】
・　名古屋地裁平成26年10月23日判決裁決【日税連税法データベース（タインズ）コードZ264－12553】

QUESTION 35

建設途中で住宅の貸付けの用に供することとなった課税仕入れの用途区分

　法人Xは，賃貸事業者Aに売却する目的で，建築会社Bとの間でマンション建築請負契約を締結しました。

　法人Xと賃貸事業者Aとのマンション売買契約では，建物が完成した場合には法人Xの責任において施工のチェックを行い速やかに賃貸事業者Aに引き渡す旨が定められています。また，引渡しの前においても，法人Xが賃貸事業者Aによるテナントの募集及び入居を承諾する旨，引渡しのタイミングによって必要があれば，引渡しまでの間は，賃貸事業者Aの募集に応じた入居者と法人Xが賃貸借契約を締結することができる旨の記載があり，賃貸事業者Aは，賃借人の募集活動を開始しました。

　他方，法人Xは，建物の建築に関連して水道施設利用権を取得し，建設は順調に進んでいました。

　ところが，建物完成前に，賃貸事業者Aについて破産手続が開始されました。そのため，法人Xは，マンション売買契約について破産法に基づく催告を実施し，新たな建物の売却先を探すことになり，そうしているうちに，建物が完成し，法人Xは，その引渡しを受けました。

　この事業について，損失が生じることを回避し建物を予定通り譲渡するためには，建物の資産価値を下げないため，完成後すぐに入居を開始しなければなりません。そこで，建物の完成引渡しに際しては，法人Cとの間でマンション管理委託契約を締結し，賃貸事業者Aの募集活動によりすでに入居することが予定されていた者と賃貸借契約を締結しました。また，法人Cと締結したマンション管理委託契約には，賃借人の募集を依頼する旨も規定されています。

　その後，1年ほどして，ようやく建物の売却が実現しました。

個別対応方式を適用する場合，この建物の取得に係る課税仕入れの区分はどうなりますか。

ANSWER

1　課税仕入れ等の区分の時期について

　消費税法30条1項1号は，課税仕入れを行った日を基準に，課税仕入れに係る消費税額の控除（仕入税額控除）をする課税期間を規定し，これを前提に，消費税法30条2項1号が，全ての課税仕入れ等につき，その用途区分が明らかにされている場合に，個別対応方式により控除対象仕入税額の計算をする旨規定しています。この課税仕入れの用途区分については，いずれも「要するもの」という文言が用いられ，実際にどのような用途に用いたかという結果を要求していません。

　また，消費税法34条，35条が，課税仕入れを行った課税期間において用途を変更した場合にも，調整対象固定資産についての調整計算の対象としていることからすると，課税仕入れについての用途区分の判定は，原則として，その課税仕入れを行った日の状況によって行うのであり，その判定に合理性があれば，結果的に実際の用途区分と異なっていたとしても，遡って修正計算をする必要はないと解されます。

2　水道施設利用権の取得に係る課税仕入れについて

　水道施設利用権の取得に係る課税仕入れのあった日の状況についてみると，法人Xと賃貸事業者Aとの契約に関しては，マンション売買契約が締結された状態であり，この時点では法人Xは同契約による建物の譲渡が事実上不可能となるとの認識は有していませんでした。

　マンション売買契約は，①法人Xが賃貸事業者Aによるテナントの募集及び入居を承諾する旨，②法人X自らが賃貸借契約を締結することができる旨が定められていますが，これらの定めが法人Xに入居者を入居させた状態で建物を引き渡す義務を課したものということはできず，法人Xにおいては，賃貸事業

QUESTION 35　建設途中で住宅の貸付けの用に供することとなった課税仕入れの用途区分

者Aによる入居者の募集活動によって，賃貸借契約が建物の売買日前に成立し，売買日の前日までに賃料等の収益が発生した場合に，売買日までの賃料収入を得られる可能性があったにすぎません。

　この建物は，完成後速やかに賃貸事業者Aに引き渡されることが予定されており，水道施設利用権の取得時には法人X自身が募集活動を行っていなかったことを併せ考えると，法人Xが水道施設利用権の取得の時点で，賃料収入を得ることを予定していたとは言えません。

　そうすると，水道施設利用権の取得時点において，法人Xに帰属すべき賃料収入が生ずる可能性は，具体的なものではなかったということになります。

　したがって，その後の事情の変化により，法人Xが実際に賃料収入を得ていたとしても，水道施設利用権の取得に係る課税仕入れは，建物の売却にのみ要する課税仕入れ，すなわち，課税資産の譲渡等にのみ要するもの（課税売上対応分）に区分することになります。

3　建物の取得に係る課税仕入れについて

　法人Xは，建物の完成前に，賃貸事業者Aについて破産手続が開始されたことを認識し，マンション売買契約について破産法に基づく催告を実施しています。

　建物の完成引渡しに際しては，法人Cとのマンション管理委託契約の締結，賃貸事業者Aの募集活動によりすでに入居することが予定されていた者との賃貸借契約の締結，入居者の募集の開始という賃料収入を得ることを前提とした行為を行っています。

　そうすると，建物の取得に係る課税仕入れのあった同日時点において，法人Xは，新たな売却先が見つかるまでの間，この建物を住宅として貸し付け，これによる賃料収入を得ることを予定していたと認めることができます。

　したがって，たとえ賃貸事業者Aとのマンション売買契約の法的な解除がされていなかったとしても，この建物の取得に係る課税仕入れを建物の売却にのみ要する課税仕入れとして，課税売上対応分に区分することはできません。建

物の取得に係る課税仕入れは，課税資産の譲渡等とその他の資産の譲渡等に共通して要するもの（共通対応分）に区分することになります。

【参照】
・　平成23年3月23日裁決【裁決事例集第8集】【日税連税法データベース（タインズ）コードJ82－6－18】

QUESTION 36

支払遅延損害金を収受した場合の課税仕入れの用途区分

　法人Xは，建設資材の販売を行っています。商品の掛売りに当たり，その契約において，売掛金の支払いが期日を過ぎて行われた場合には，年利5％の支払遅延損害金を徴収することとしています。

　この支払遅延損害金は非課税売上げに該当するものと思われます。そうすると，支払遅延が生じて支払遅延損害金を収受した場合には，販売した建設資材の課税仕入れは，共通対応分の課税仕入れになるのでしょうか。

ANSWER

❶　個別対応方式における用途区分

　個別対応方式により控除対象となる仕入税額を計算する場合には，課税仕入れ等の全てについて「課税資産の譲渡等にのみ要するもの」（課税売上対応分），「その他の資産の譲渡等にのみ要するもの」（非課税売上対応分）又は「課税資産の譲渡等とその他の資産の譲渡等に共通して要するもの」（共通対応分）のいずれに区分されるものかを明らかにする必要があります。

　「課税資産の譲渡等にのみ要するもの」（課税売上対応分）とは，課税資産の譲渡等を行うためにのみ必要な課税仕入れ等，すなわち，直接，間接を問わず，また，実際に使用する時期を問わず，その対価の額が最終的に課税資産の譲渡等のコストに入るような課税仕入れ等だけをいうものと解されています。

　また，その用途区分は，課税仕入れを行った日の状況により判断することとなります（消基通11－2－20）。

❷　支払遅延損害金を収受した場合の課税仕入れの用途区分

　販売することを目的に行う商品の課税仕入れは，仕入れの時において課税売上対応分に区分され，その後，その商品の販売に関連して，課税資産の譲渡等

以外の取引が生じたとしても，そのことが，その商品の仕入れの時に行った判断に影響することはありません。

　売掛金の支払遅延により生じる遅延損害金は，非課税売上げの対価となりますが，この非課税売上げは，商品販売とは別の新たな取引によって生じたものと考えられます。すなわち，商品販売によって1つの資産の譲渡等は完了し，その後，支払遅延という新たな事実により支払遅延損害金が生じたということです。

　そうすると，将来，支払遅延が生じた場合に遅延損害金が生じることが契約に定められていたとしても，商品を仕入れた時において，遅延損害金の支払いを受ける可能性は具体的なものではなく，また，通常の商品販売を行うに当たって，遅延損害金が生じることが予定されていたということもできず，商品の課税仕入れは，その商品の販売にのみ要する課税仕入れとして，課税売上対応分に区分することになります。

　なお，支払遅延損害金の請求等について生じた費用がある場合には，その費用は，非課税売上対応分に区分します。

【参照】
・　平成25年6月26日さいたま地裁判決【日税連税法データベース（タインズ）コードZ263-12241】

QUESTION 37

災害の被災者に提供した自社製品製造費用の用途区分

　法人Xは，健康食品の製造販売を行っています。

　このたび，災害で被災された方々のお役に立ちたいと考え，販売用に製造した健康食品を無償で提供しました。

　消費税において，健康食品の販売は，課税売上げとなるものですから，従来，その製造費用は課税売上対応分に区分しています。しかし，被災者の方々への提供は無償で行うのであり，課税売上げの対価がありません。そうすると，無償提供をした製品の製造費用は，他の販売した製品の製造費用と区分して，課税対象外の取引に要するものと整理するべきでしょうか。

　また，法人税においては，寄附金に該当することになるのでしょうか。

　なお，提供に当たっては，製造費用とは別に，避難所までの運送費用が生じています。

ANSWER

1　個別対応方式における用途区分

　個別対応方式により控除対象となる仕入税額を計算する場合には，その課税期間の課税仕入れ等の全てについて，「課税資産の譲渡等にのみ要するもの（課税売上対応分）」，「その他の資産の譲渡等にのみ要するもの（非課税売上対応分）」又は「課税資産の譲渡等とその他の資産の譲渡等に共通して要するもの（共通対応分）」のいずれに区分されるものかを明らかにする必要があります（消法30②一）。

　課税売上対応分とは，課税売上げ，輸出免税売上げ又は国外における売上げのためにのみ要するものです。また，非課税資産の譲渡等のうち，消費税法7条に規定する輸出取引等に該当するもの（非課税資産の輸出取引等）及び，国

外における譲渡等又は自己の使用のためにする資産の輸出は,これを課税資産の譲渡等に係る輸出取引等とみなし,これらについて生じた課税仕入れ等は,課税売上対応分の課税仕入れ等に区分します(消法31①②)。

また,非課税売上対応分とは,上記の非課税資産の輸出取引等を除く非課税売上げのためにのみ要する課税仕入れ等です。

そして,共通対応分は,課税資産の譲渡等とその他の資産の譲渡等に共通して要するものだけに限りません。課税売上対応分及び非課税売上対応分のいずれにも該当しないものは全て,共通対応分となります。法律上,1つのものを3つに分ける場合に,その3つを定義すると,いずれにも該当しないその他が生じてしまいます。個別対応方式における計算は,その課税期間において行った全ての課税仕入れ等を上記の3つに区分することを前提としており,したがって,共通対応分という区分は,必然的に,積極的な定義によって抽出できるものではなく,課税売上対応分及び非課税売上対応分の定義からこぼれたものの受け皿と解することになります。

課税売上対応分	課税売上げのためにのみ要するもの 輸出免税売上げのためにのみ要するもの 国外における売上げのためにのみ要するもの 非課税資産の輸出取引等及び国外移送のためにのみ要するもの
非課税売上対応分	非課税売上げのためにのみ要するもの (非課税資産の輸出取引等及び国外移送のためにのみ要するものを除く)
共通対応分	課税売上対応分及び非課税売上対応分のいずれにも該当しないもの

2 無償取引に要する課税仕入れ

無償で資産を提供する行為は,対価を得て行われる資産の譲渡等に該当しないため,課税の対象外となります(消法4①)。このような課税対象外の取引のために要した課税仕入れは,課税売上対応分にも非課税売上対応分にも該当しません。したがって,共通対応分になります(消基通11-2-16)。

QUESTION 37 災害の被災者に提供した自社製品製造費用の用途区分

3 課税仕入れの用途区分の判断の時期

　仕入税額控除は，流通過程における税負担の累積を防止するため，所定の要件の下に，売上げに係る税額から仕入税額を控除する制度です。ただし，仕入れた資産が，仕入れの日の属する課税期間中に譲渡されるとは限らないため，控除額の算定においては，売上げと仕入れの期間的な対応関係を切断し，その資産の譲渡が実際に実現したか否かを考慮することなく，課税仕入れを行った日の属する課税期間において控除の対象とするものとされています（消法30①）。

　このような制度の趣旨にかんがみると，個別対応方式による場合の用途区分は，課税仕入れを行った日の状況等に基づき，その課税仕入れをした事業者が有する目的，意図等諸般の事情を勘案し，事業者において行う将来の多様な取引のうちどのような取引に要するものであるのかを客観的に判断すべきものであるといえます。

　ここで，用途区分の基準となる課税仕入れを行った日とは，課税仕入れに該当する資産の譲受け若しくは借受けをした日又は役務の提供を受けた日をいいます。

4 被災者に無償提供する場合の用途区分

　自社製品等を被災者に提供した場合の課税仕入れ等の区分は，提供した自社製品等の態様に応じ，次のとおりとなります。

(1) 自社で製造した商品である健康食品に係る材料等の課税仕入れ

　法人Xが製造する健康食品は，課税資産の譲渡等を行うために製造されたものです。したがって，その製造のために行う課税仕入れは，その課税仕入れを行う時に課税売上対応分に区分されます。

　その後，災害が発災し，被災した方々にその健康食品を無償で提供し，結果として課税資産の譲渡等に用いられませんでした。しかし，そのことによって，課税仕入れの時点に遡ってその区分をやり直す必要はありません。

(2) 他から購入した商品の課税仕入れ

　通常，自社で販売している商品（課税資産）の課税仕入れは，課税売上対応

分に該当します。

　しかし，通常の棚卸資産ではなく，被災者に必要とされる物品を提供するために購入した場合には，その購入に係る課税仕入れは，被災者への無償の提供という資産の譲渡等以外の目的のために要する課税仕入れであり，課税売上対応分にも非課税売上対応分にも該当しません。したがって，共通対応分に該当します。

(3) **被災地まで運搬するための運送費用**

　自社製品等を被災者等に提供する際に支出した被災地までの旅費や運送費用に係る課税仕入れは，資産の譲渡等のために行う課税仕入れではないので，共通対応分に該当します（消基通11－2－16）。

5　法人税の取扱い

　法人税においては，不特定又は多数の被災者を救援するために緊急に行う自社製品等の提供に要する費用は，寄附金又は交際費等には該当せず，損金の額に算入することとされています（法基通9－4－6の4，措通61の4(1)－10の4）。

QUESTION 38

共通対応分の課税仕入れ等に係る控除税額の計算方法

個別対応方式により控除対象仕入税額の計算を行う場合，共通対応分の課税仕入れ等について，課税売上割合以外の割合で控除税額を計算することができる制度があるそうですが，これについて，説明してください。

ANSWER

個別対応方式を適用する場合において，共通対応分の課税仕入れ等に係る控除税額は，原則として，共通対応分の課税仕入れ等に係る消費税額に課税売上割合を乗じて計算します。

ただし，共通対応分の税額をあん分する基準として税務署長が承認した割合（以下「課税売上割合に準ずる割合」といいます）がある場合には，課税売上割合に代えて，その「課税売上割合に準ずる割合」を用いることになります。

また，一義的には共通対応分に区分されるものであっても，生産実績等の合理的な基準により，その課税仕入れ等を課税売上対応分と非課税売上対応分とに区分することも認められます。

つまり，共通対応分の課税仕入れ等に係る税額を，控除することができるものと控除することができないものとに分ける方法としては，次の3つの取扱いがあるということです。

共通対応分の課税仕入れ等に係る控除税額の取扱い
① 共通対応分の課税仕入れ等に係る消費税額に課税売上割合を乗じて控除税額を計算する（原則）。
② ①の計算に当たり，課税売上割合に代えて「課税売上割合に準ずる割合」を用いる。
③ 共通対応分の課税仕入れ等を合理的な基準により課税売上対応分と非課税売上対応分とに区分する。

QUESTION 39

「合理的な基準による区分」

「合理的な基準による区分」について，その概要を説明してください。

ANSWER

1 仕入れ時における区分

　消費税法30条1項1号において，仕入税額控除は，その課税仕入れ等に係る売上げが実現したかどうかに関わりなく，課税仕入れについてはその課税仕入れを行った日，特定課税仕入れについてはその特定課税仕入れを行った日，課税貨物の輸入についてはその課税貨物を保税地域から引き取った日（特例申告である場合には申告の日）の属する課税期間において行うものと定められています。

　個別対応方式は，これを前提にして定められた計算方法であり，課税仕入れ等についての用途区分は，いずれも「要するもの」という文言が用いられ，実際にどのような用途に用いたかという結果による区分を要求していません。

　したがって，課税仕入れ等についての用途区分は，その課税仕入れ等を行った日の状況によって判定することとなります。

2 「合理的な基準による区分」

　ただし，課税仕入れ等を行った日においては，課税売上対応分又は非課税売上対応分に該当するものではなかったため共通対応分の課税仕入れ等に該当すると判断していたものであっても，結果として，課税資産の譲渡等又は非課税資産の譲渡等のために使用されたという事実を確認できるものもあります。

　このようなものについて，消費税法基本通達11-2-19は，「例えば，原材料，包装材料，倉庫料，電力料等のように生産実績その他の合理的な基準により課税資産の譲渡等にのみ要するものとその他の資産の譲渡等にのみ要するも

QUESTION 39 「合理的な基準による区分」

のとに区分することが可能なものについて当該合理的な基準により区分している場合には，当該区分したところにより個別対応方式を適用することとして差し支えない。」としています。これは，個別対応方式を適用する際の実務的な対応について，合理的な取扱いを定めたものであるといえるでしょう。

　したがって，一義的には共通対応分に区分されるものであっても，生産実績その他の合理的な基準により，その課税仕入れ等を課税売上対応分と非課税売上対応分とに区分することが可能なものについては，その事業者の選択により，その「合理的な基準による区分」をすることができます。

3 手　続　き

　「合理的な基準による区分」は，合理的な基準があると認められる共通対応分の全てについて適用する必要はありません。また，事前の届出や税務署長の承認といった手続もありません。共通対応分の課税仕入れ等の一つひとつについて適用するかどうかを判断し，計算した控除対象仕入税額を確定申告書に記載することによって適用することができます。

QUESTION 40

ビルの建築費の「合理的な基準による区分」

　個人Xは，発注していた貸しビルの建築工事が完成し，引渡しを受けました。この建物は，1階から5階までの各階は店舗又は事務所用，6階から8階までの各階はワンルームタイプの住宅用として賃貸するための施工が行われています。

　仕入税額控除について個別対応方式を適用するに当たり，その建設費を，事務所等用の床面積と住宅用の床面積の比（使用面積割合）により，課税売上対応分と非課税売上対応分とに区分して控除対象仕入税額を計算したいと考えていますが，よろしいでしょうか。

　なお事務所等と住宅の使用面積割合は7：3で，建物が全て賃貸された場合の見込み月額賃料の事務所等と住宅の比とほぼ同水準になります。

　また，建物の建築費は3億円であり，そのうち大部分を占める基礎工事，駆体工事，外装工事等の費用2億6,000万円は各用途に共通する費用であり，各部屋に個別に対応する工事費用は4,000万円です。この4,000万円について工事見積書に従って計算すると，事務所等と住宅の1平方メートル当たりの建築単価の比は，およそ6：4となります。

ANSWER

1　合理的な基準による区分

　消費税法基本通達11－2－19は，課税資産の譲渡等とその他の資産の譲渡等に共通して要する課税仕入れ等であっても，例えば，原材料，包装材料，倉庫料，電力料等のように生産実績その他の合理的な基準により課税資産の譲渡等にのみ要するものとその他の資産の譲渡等にのみ要するものとに区分することが可能なものについては，その合理的な基準によって区分したところにより個別対応方式を適用することができるものと示しています。

QUESTION 40　ビルの建築費の「合理的な基準による区分」

2　床面積による区分

　課税資産の譲渡等（事務所等の賃貸）と非課税資産の譲渡等（住宅の賃貸）とに利用される建物については，各用途の使用面積に応じて利用されるので，その建築費に係る課税仕入れ等をその建物の利用の実態に応じた使用面積割合により用途区分することは，各用途ごとの建築単価がほぼ同一であれば合理的であると認められます。

　工事見積書に従って計算してみると，①建物全体に係る費用である基礎工事，駆体工事，外装工事等の費用２億6,000万円が，建築費３億円の大部分を占めること，②各室個別に対応する費用は4,000万円であり，その事務所等と住宅の１平方メートル当たりの建築単価の比はおよそ６：４となり，使用面積割合である７：３と比較して，さほど明確な差異はないことから，建物の建築費全体について使用面積割合に基づいてその用途を区分することは合理的と認められるものと考えられます。

　ただし，これは，あくまでも事務所用部分と住宅用部分の建築単価がほぼ同一であると認められる場合の判断であり，建築単価が異なる場合には，慎重に検討する必要があります。

　また，消費税法基本通達11－２－19が，「原材料，包装材料，倉庫料，電力料等のように生産実績その他の合理的な基準」と示していることからわかるように，具体的な使用実績等による区分は合理的と認められますが，その課税仕入れによって得られる収入金額を基準とする区分は，合理的であるとは言えません。したがって，建物が全て賃貸された場合の事務所等と住宅の見込み月額賃料の比が，使用面積割合と近似値であっても，そのことをもって使用面積割合を合理的な基準と判断することはできません。

【参照】
- 平成13年12月21日裁決【日税連税法データベース（タインズ）コード　Ｆ０－５－067】

QUESTION 41

「合理的な基準による区分」の撤回を求める更正の請求

　法人Xは，薬局の経営等を行う法人であり，一般消費者向けの日用雑貨等を販売するA店，保険薬局であるB店及びC店を有しています。

　保険薬局における医薬品の売上げのほとんどは健康保険法等が適用される医師の処方せんに係る非課税売上げですが，近隣薬局に対する販売や健康保険法等が適用されない自費診療に係る販売があるため課税売上げとなる部分があります。

　控除対象仕入税額の計算については個別対応方式を採用しており，保険薬局B店及びC店においては，医薬品を仕入れた日においては，暫定的に非課税売上対応分として経理処理をし，決算修正として，課税期間の末日付けで，次のような方法で区分を決定しています。

① 　B店の処理

> 　処方せん及び近隣薬局への販売に係る領収書控えにより課税売上げ分に係る医薬品名及び数量を抽出し，医薬品の各仕入単価を医薬品ごとの売上数量に乗じた金額を集計する方法（個別仕入単価集計方式）により，課税売上対応分の金額を算出し，それ以外を非課税売上対応分とする。

② 　C店の処理

> 　レシートの控え及び近隣薬局への販売に係る領収書控えにより課税売上げ分に係る売上金額を算定し，これにC店における全ての医薬品の仕入原価（各課税期間中の仕入金額の合計額に期首棚卸高を加え期末棚卸高を差し引いた金額）を売上金額で除した原価率を乗じる方法（原価率方式）により，課税売上対応分の金額を算出し，それ以外を

> 非課税売上対応分とする。

　ところが，確定申告書を提出した後，保険薬局においては，課税仕入れを行った時点で課税売上げ又は非課税売上げのいずれに使用されるか不明な医薬品の課税仕入れは，共通対応分に区分することが原則的な方法であることを知りました。B店及びC店における実際の課税売上高はわずかですが，法人全体の課税売上割合は20％程度であり，共通対応分に区分した場合の控除対象仕入税額と先の確定申告書に記載した控除対象仕入税額を比べてみると，その差異はかなりの金額となります。

　法人Xは，錯誤により，原則的な方法よりも納付すべき消費税額が過大である申告書を提出したものですから，B店及びC店における医薬品の課税仕入れを共通対応分に区分して控除対象仕入税額を計算し，更正の請求をしたいと考えていますが，認められるでしょうか。

ANSWER

1　合理的な基準による区分

　個別対応方式における課税仕入れの用途区分は，課税仕入れを行った日の状況により行うものですが，消費税法基本通達11－2－19は，「課税資産の譲渡等とその他の資産の譲渡等に共通して要するものに該当する課税仕入れ等であっても，例えば，原材料，包装材料，倉庫料，電力料等のように生産実績その他の合理的な基準により課税資産の譲渡等にのみ要するものとその他の資産の譲渡等にのみ要するものとに区分することが可能なものについて当該合理的な基準により区分している場合には，当該区分したところにより個別対応方式を適用することとして差し支えない」としています。

　すなわち，課税仕入れを行った日においては，課税売上対応分又は非課税売上対応分のいずれにも該当しないため共通対応分に区分されるものであっても，課税期間の末日において，その課税仕入れに対応する売上実績等の合理的な基準により課税売上対応分と非課税売上対応分とにその区分が明らかにされれば，

その明らかにされた区分によることができるということです。これは，個別対応方式を適用する際の実務的な対応について，合理的な取扱いを定めたものであると言えるでしょう。

2 更正の請求

　国税通則法23条1項1号は，納税申告書を提出した者は，その申告書に記載した課税標準等若しくは税額等の計算が「国税に関する法律の規定に従っていなかったこと」又は「当該計算に誤りがあったこと」により，その申告書の提出により納付すべき税額が過大である場合には，その申告書に係る国税の法定申告期限から5年以内に限り，税務署長に対し，その申告に係る課税標準等又は税額等につき更正をすべき旨の請求をすることができるものとしています。
　ここでいう「国税に関する法律の規定に従っていなかったこと」とは，国税に関する法律の解釈適用についての誤りがあった場合であり，「当該計算に誤りがあったこと」とは，法律の解釈適用は正しくされているけれどその計算過程に誤りがあった場合であると解されており，申告当時においてこれらいずれかの誤りが生じていたことによって，納付すべき税額が過大となる場合に，国税通則法23条1項の規定が適用されることになります。
　したがって，課税仕入れの用途区分に誤りがあったとして更正の請求が認められるのは，申告当時に納税義務者が採用した区分の方法に合理性がなく，合理性のない区分の方法を採ることによって納付すべき消費税等の税額が過大となる場合であり，他の合理的な方法を採っていた場合と比較して単に納付すべき消費税等の税額が過大となる場合はこれに当たらないと解するべきでしょう。

3 法人Xが行った区分

　法人Xは，課税売上対応分の金額について，課税期間の末日に，B店においては個別仕入単価集計方式により，C店においては原価率方式により，それぞれ算出しています。これらの方法は，いずれも個別に把握可能な課税売上げに係る医薬品名及び数量又は金額を基準として，売上実績に基づいて区分する方

QUESTION 41 「合理的な基準による区分」の撤回を求める更正の請求

法であり，いずれも合理性があるものと考えられます。店舗ごとに個別仕入単価集計方式又は原価率方式という異なる計算方式を採用していますが，それぞれの計算方式に合理性がある以上，異なる計算方式を併用することをもって，その用途区分の合理性を否定する根拠にはならないと考えられます。

また，消費税法基本通達11－2－18は，課税売上対応分を抽出し，それ以外のものを全て共通対応分とするといった区分は認められないものとしています。法人Xは，非課税売上対応分の金額について，医薬品の課税仕入れの総額から課税売上対応分の金額を控除して算出していますが，この方法は，保険薬局の医薬品のように課税売上対応分と非課税売上対応分のみに区分される場合には，非課税売上げに係る売上実績を基準として区分する方法と同じ結果となるものであり，消費税法基本通達11－2－18が禁じた方法とは言えず，合理性があると言えるでしょう。

したがって，個別仕入単価集計方式又は原価率方式により用途区分を行ったことをもって，「国税に関する法律の規定に従っていなかった」あるいは，「当該計算に誤りがあった」ということはできませんから，更正の請求を認める事由には該当しないものと考えられます。

【参照】
- 平成23年3月1日裁決【日税連税法データベース（タインズ）コード J82－1－01】

QUESTION 42

「課税売上割合に準ずる割合」

「課税売上割合に準ずる割合」について、その概要を説明してください。

ANSWER

1 「課税売上割合に準ずる割合」

次の①②の要件に該当する割合（以下「課税売上割合に準ずる割合」といいます）がある場合には、②の承認を受けた日の属する課税期間以後の課税期間については、共通対応分の課税仕入れ等に係る控除税額は、課税売上割合に代えて、その「課税売上割合に準ずる割合」を用いて計算した金額となります（消法30③）。

① その割合が当該事業者の営む事業の種類又は当該事業に係る販売費、一般管理費その他の費用の種類に応じ合理的に算定されるものであること。

② その割合を用いて控除税額を計算することにつき、その納税地を所轄する税務署長の承認を受けたものであること。

「課税売上割合に準ずる割合」として承認されるべき割合は、その「事業者の営む事業の種類又は販売費、一般管理費その他の費用の種類に応じ合理的に算定される」割合であり、具体的には、使用人の数又は従事日数の割合、消費又は使用する資産の価額、使用数量、使用面積の割合その他共通対応分の課税仕入れ等の性質に応ずる合理的な基準により算出した割合です（消法30③、消基通11-5-7）。

2 適用範囲

「課税売上割合に準ずる割合」は、消費税法30条3項において、「当該割合が当該事業者の営む事業の種類の異なるごと又は当該事業に係る販売費、一般管理費その他の費用の種類の異なるごとに区分して算出したものである場合には、

QUESTION 42 「課税売上割合に準ずる割合」

当該区分して算出したそれぞれの割合」とされています。したがって、その事業者が行う事業の全部について同一の割合を適用する必要はなく、事業の種類の異なるごと、費用の種類の異なるごと、事業場の単位ごとなど、それぞれ異なる割合を適用することも可能です（消基通11－5－8）。

　その事業者における事業内容等の実態がその課税仕入れ等のあった課税期間の課税売上割合に必ずしも反映されていない場合であって、かつ、その計算された割合の全てが合理的である場合には、例えば事業部門ごとに、次のような異なる割合を用いることが考えられます。

A事業部：課税売上割合
B事業部：B事業部の売上総額に占めるB事業部の課税売上高の割合
C事業部：課税業務と非課税業務の従業員の割合

　なお、複数の「課税売上割合に準ずる割合」を適用するためには、その全てについて税務署長の承認を受けなければなりません（消基通11－5－8）。

3 「課税売上割合に準ずる割合」が95％以上である場合

　その課税期間中の課税仕入れ等に係る消費税額の全額を控除の対象とすることができるのは、その課税期間における課税売上割合が95％以上であって、かつ、課税売上高が5億円以下の事業者に限られます（消法30②）。

　この場合の課税売上割合が95％以上であるかどうかは、「課税売上割合に準ずる割合」ではなく、課税売上割合によって判定します（消基通11－5－9）。

　したがって、承認を受けた「課税売上割合に準ずる割合」が95％以上であっても、課税売上割合が95％未満である場合には、仕入控除税額の計算に当たっては、個別対応方式、又は、一括比例配分方式のいずれかの方法で計算する必要があり、個別対応方式により控除税額を計算するときには、承認を受けた「課税売上割合に準ずる割合」を適用して計算することとなります。

　一括比例配分方式による場合は、「課税売上割合に準ずる割合」を適用することはできません。

QUESTION 43

「課税売上割合に準ずる割合」の申請手続

「課税売上割合に準ずる割合」について，税務署長の承認を受けるための手続について説明してください。

ANSWER

1 申請と承認

個別対応方式によって控除税額を計算する場合において，課税売上割合に代えて「課税売上割合に準ずる割合」を適用するためには，その適用につき，納税地の所轄税務署長の承認を受ける必要があります。

承認の申請は，納税地を所轄する税務署長に対し，「消費税課税売上割合に準ずる割合の適用承認申請書」を提出して行います（消法30③，消令47①）。

消費税法施行令47条2項は，「消費税課税売上割合に準ずる割合の適用承認申請書」の提出があった場合には，税務署長は，遅滞なく，これを審査し，その申請に係る課税売上割合に準ずる割合を用いて計算することを承認し，又は，その申請に係る課税売上割合に準ずる割合が合理的に算出されたものでないと認めるときは，その申請を却下するものとしてします。承認又は却下の処分は，書面により通知されます（消令47④）。みなし承認の制度はありません。

2 申請の時期

承認又は却下の処分について，「遅滞なく」と規定するのみで，具体的にいつまでといった期限は明示されていませんから，この定めは税務署長に対して申請に対する応答を遅滞なくするよう命じた訓示規定と考えられます。したがって，その承認申請が相当程度の期間を経た後に却下された場合であっても，「遅滞なく」という規定に違反していることを理由にその処分の有効性を争うことはできないと解されます。

QUESTION 43 「課税売上割合に準ずる割合」の申請手続

　「課税売上割合に準ずる割合」の承認には，その割合が合理的な割合であるかどうかの審査が必要です。申請した割合が合理的な割合であることを説明する資料の提出を求められることも，当然に予定しておかなければなりません。
　「消費税課税売上割合に準ずる割合の適用承認申請書」は，承認を受けようとする課税期間の末日までに相当の余裕のある時期に提出する必要があります。

【参照】
・　平成7年2月16日裁決【日税連税法データベース（タインズ）コード F0-5-010】

QUESTION 44

「課税売上割合に準ずる割合」の不適用の時期

「課税売上割合に準ずる割合」の適用には、2年間の継続適用の取扱いがありますか。

ANSWER

　税務署長の承認を受けた課税期間以後の課税期間においては、たとえ、「課税売上割合に準ずる割合」よりも課税売上割合の方が大きく、「課税売上割合に準ずる割合」を適用して計算することが不利な結果となる場合であっても、「課税売上割合に準ずる割合」を用いて計算しなければなりません。

　「課税売上割合に準ずる割合」を用いて計算することをやめようとする場合には、「消費税課税売上割合に準ずる割合の不適用届出書」を提出します。その提出をした日の属する課税期間以後の課税期間においては、「課税売上割合に準ずる割合」を適用しないこととなります（消法30③）。

　「消費税課税売上割合に準ずる割合の不適用届出書」には、提出の時期を制限する規定は設けられていません。

　したがって、「課税売上割合に準ずる割合」の承認を受けた課税期間の翌課税期間の末日までに「消費税課税売上割合に準ずる割合の不適用届出書」を提出した場合には、「課税売上割合に準ずる割合」は、一課税期間のみの適用となります。

QUESTION 45

「課税売上割合に準ずる割合」と「合理的な基準による区分」の適用関係

　個別対応方式を適用する場合には，共通対応分の課税仕入れ等に係る控除税額については，課税売上割合に代えて「課税売上割合に準ずる割合」によって計算することができる取扱いがある一方で，課税売上対応分と非課税売上対応分とに「合理的な基準による区分」ができる取扱いがあります。

　両者は，どのように使い分ければいいのでしょうか。

ANSWER

　「課税売上割合に準ずる割合」による計算と「合理的な基準による区分」とは，いずれも，個別対応方式による計算において，課税売上割合を用いることに代え，より仕入れの実態を反映した控除税額の計算を実現するための取扱いです。

　ただし，「課税売上割合に準ずる割合」は，税務署長の承認を要し，その承認を受けた日の属する課税期間以後の課税期間については，適用をやめる旨の届出をしない限り，必ず適用しなければなりません（消法30③）。

　他方，「合理的な基準による区分」は，納付すべき消費税額の計算を行う過程において，事業者が，自己の判断において適用することができるものです（消基通11－2－19）。

　このように両者の適用関係には大きな違いがあり，実務においては，どのような場合にいずれを適用するべきか，明確にしておかなければなりません。

　この点について，国税庁の「『95％ルール』の適用要件の見直しを踏まえた仕入控除税額の計算方法等に関するQ&A〔Ⅰ〕【基本的な考え方編】」（以下「95％ルールQ&A基本編」といいます）の問20は，次のように説明していま

す。

> （消費税法基本通達11－2－19の「合理的な基準による区分」により）区分することが可能なものとは、原材料、包装材料、倉庫料、電力料のように製品の製造に直接用いられる課税仕入れ等をその適用事例の典型として示していることからも明らかなように、課税資産の譲渡等又は非課税資産の譲渡等と明確かつ直接的な対応関係があることにより、生産実績のように既に実現している事象の数値のみによって算定される割合で、その合理性が検証可能な基準により機械的に区分することが可能な課税仕入れ等をいいます。

　すなわち、一義的には共通対応分として区分された課税仕入れ等であっても、「課税資産の譲渡等又は非課税資産の譲渡等との対応関係が明確かつ直接的」で、「既に実現している事象の数値のみによって算定される割合で、その合理性が検証可能な基準により機械的に区分することが可能なもの」に限っては、消費税法基本通達11－2－19を適用して合理的に区分することができる、ということです。

　そうすると、課税売上割合によって計算した仕入控除税額がその事業者の事業の実態と乖離した結果となる場合において、各事業者固有の特殊な実情に則した仕入控除税額の計算を行う必要があるとき、すなわち、上記の消費税法基本通達11－2－19による「合理的な基準による区分」ができないときには、事業実態に則した「課税売上割合に準ずる割合」を用いることを検討することとなります。

QUESTION 46

たまたま土地の譲渡があった場合

　消費税法基本通達11－5－7は,「課税売上割合に準ずる割合」の具体的な算出方法として,「使用人の数又は従事日数の割合,消費又は使用する資産の価額,使用数量,使用面積の割合等」を示しています。

　しかし,固定資産である土地を譲渡した場合には,使用面積の割合といった考え方はなじまないと思いますが,どうすればいいのでしょうか。

ANSWER

1　たまたま土地の譲渡があった場合の課税売上割合に準ずる割合の承認

「95％ルールQ&A基本編」には,問30が示されています。

> 【たまたま土地の譲渡があった場合の課税売上割合に準ずる割合の承認】
> （問30）
> 　土地の譲渡は非課税とされており,その譲渡対価は課税売上割合の計算上,資産の譲渡等の対価に含まれますが,土地の譲渡を本来の事業としていないような事業者の場合には,これに伴う課税仕入れの額はその譲渡金額に比し一般的に少額であることから,課税売上割合を適用して仕入れに係る消費税額を計算した場合には,事業の実態を反映しないことがあります。そこで,たまたま土地の譲渡対価の額があったことにより課税売上割合が減少する場合で,課税売上割合を適用して仕入れに係る消費税額を計算すると当該事業者の事業の実態を反映しないと認められるときは,課税売上割合に準ずる割合の承認を受けることができますか。
>
> （答）
> 　土地の譲渡が単発のものであり,かつ,当該土地の譲渡がなかったとし

た場合には，事業の実態に変動がないと認められる場合に限り，次の①又は②の割合のいずれか低い割合により課税売上割合に準ずる割合の承認を与えることとして差し支えないこととしています。

① 当該土地の譲渡があった課税期間の前3年に含まれる課税期間の通算課税売上割合（消費税法施行令53条3項《通算課税売上割合の計算方法》に規定する計算方法により計算した割合をいいます。）

② 当該土地の譲渡があった課税期間の前課税期間の課税売上割合

　（注）1　土地の譲渡がなかったとした場合に，事業の実態に変動がないと認められる場合とは，事業者の営業の実態に変動がなく，かつ，過去3年間で最も高い課税売上割合と最も低い課税売上割合の差が5％以内である場合とします。

　　　　2　課税売上割合に準ずる割合は，承認を受けた日の属する課税期間から適用となります。承認審査には一定の期間が必要となりますので，「消費税課税売上割合に準ずる割合の適用承認申請書（第22号様式）」は，余裕をもって提出してください。

　　　　3　この課税売上割合に準ずる割合の承認は，たまたま土地の譲渡があった場合に行うものですから，当該課税期間において適用したときは，翌課税期間において「消費税課税売上割合に準ずる割合の不適用届出書（第23号様式）」を提出してください。なお，提出がない場合には，その承認を取り消すものとします。

この取扱いは，次の(1)及び(2)の理由により設けられています（「95％ルールQ&A基本編」問31）。

(1) 土地の販売を事業としていない事業者において，譲渡することを予定していなかった本社用地や工場用地など事業者が事業の用に供するために取得していた土地の譲渡が経営上の事情等によりたまたま発生し，その結果，課税売上割合が急激に減少したような場合には，当該土地の譲

QUESTION 46 たまたま土地の譲渡があった場合

　　　渡は本来の事業として予定されていなかったわけですから，このような
　　　取引までをも取り込んで，課税売上割合により仕入控除税額の計算を行
　　　うことは事業の実態を反映したものと言えず，不合理であると考えられ
　　　ること。
　(2)　消費税法30条3項1号では，「当該割合が当該事業者の営む事業の種
　　　類又は当該事業に係る販売費，一般管理費その他の費用の種類に応じ合
　　　理的に算定されるものであること」を要件としているところ，たまたま
　　　土地の譲渡があった場合には，①事業者は土地の販売を事業としていな
　　　いため，事業の種類の異なるごとの割合は採り得ないこと，また，②土
　　　地の譲渡がたまたま行われたものであるため，事業に係る販売費，一般
　　　管理費その他の費用の種類の異なるごとの割合も採り得ないことから，
　　　これらの区分により算出することができないと考えられること。

　この取扱いは，たまたま（偶発的に）土地を譲渡した場合には，消費税法30条3項に規定する「課税売上割合に準ずる割合」の算出方法を採り得ない事情にあることを前提として，便宜的に土地の譲渡があった課税期間の前3年に含まれる課税期間の通算課税売上割合と前課税期間の課税売上割合とのいずれか低い割合を課税売上割合に準ずる割合として承認しても差し支えないとするものです。

2　有価証券の譲渡への適用

　上記の取扱いは，たまたま有価証券の譲渡をした場合には，適用されません。
　有価証券を譲渡した場合には，消費税法施行令48条5項において，課税売上割合の計算に当たり，その譲渡の対価の額の5％相当額を分母に算入する手当がされていることから，土地の譲渡と同列に考えることは適当ではありません。したがって，「たまたま土地の譲渡があった場合の課税売上割合に準ずる割合の承認」と同様の方法での承認を受けることはできません（「95％ルールQ&A基本編」問31）。

QUESTION 47

過年度の課税仕入れ

　法人Xは，前課税期間において役務の提供を受けた外注費について，その決算に当たり未払計上を失念しており，当課税期間の帳簿に費用として計上しました。

　日本の消費税は，帳簿及び請求書等の保存を仕入税額控除の要件としていますから，帳簿に費用計上されることにより反射的に仕入税額控除の要件を充足することになると考えられます。

　したがって，この外注費は，費用として帳簿に記載した当課税期間において帳簿及び請求書等の保存の要件を満たすことになり，当課税期間において消費税の仕入税額控除の対象になるではないかと考えています。よろしいでしょうか。

ANSWER

　課税仕入れとは，「事業者が，事業として他の者から資産を譲り受け，若しくは借り受け，又は役務の提供（所得税法28条１項（給与所得）に規定する給与等を対価とする役務の提供を除く。）を受けること」であり，当該他の者が事業としてその資産を譲り渡し，若しくは貸し付け，又は当該役務の提供をしたとした場合に課税資産の譲渡等に該当することとなるもので，消費税法７条に列挙された輸出免税の対象となるもの及び法律又は条約の規定により消費税が免除されるもの以外のものをいいます（消法２①十二）。

　課税事業者が，国内において課税仕入れを行った場合には，その課税仕入れを行った日の属する課税期間の課税標準額に対する消費税額から，その課税期間中に国内において行った課税仕入れに係る消費税額を控除するものとされています（消法30①）。

　したがって，法人Xが，外注費に係る消費税相当額について，当課税期間に

おいて仕入税額控除をするためには、外注先から役務の提供を受けた日が当課税期間に属することが必要です。

法人Xは、前課税期間において役務の提供を受けて、その対価が未払であったことから、外注費の計上を失念したものであり、当課税期間において、その外注費に係る役務の提供を受けた事実はありません。

また、消費税法30条7項は、事業者がその課税期間の課税仕入れ等の税額の控除に係る帳簿及び請求書等を保存しない場合には、災害その他やむを得ない事情によりその保存をすることができなかったことをその事業者において証明した場合を除き、その保存がない課税仕入れ等の税額については、仕入税額控除をしない旨を規定しています。

法人Xは、この仕入税額控除の要件について、帳簿については、過年度の費用であっても、当課税期間の帳簿に記載すれば、それによって帳簿の保存という仕入税額控除の要件を満たすことになるから、これを記載した当課税期間において仕入税額控除の対象になるとお考えようです。

しかし、帳簿は、課税仕入れの事実があったことを明らかにするためにその保存が求められているものであり、課税仕入れの事実に従って記載しなければなりません。その事実と離れて記載した場合には、その帳簿の保存は、仕入税額控除の適用要件を満たすものとはなり得ません。

したがって、その外注費は当課税期間に係る課税仕入れではありませんから、当課税期間の帳簿に記載していても、当課税期間において仕入税額控除の対象とすることはできません。

【参照】
- 平成27年9月25日東京地裁判決【日税連税法データベース（タインズ）コードZ265-12725】

QUESTION 48

輸入に係る消費税の仕入税額控除

　法人Xは，紙製品の製造販売を行う株式会社です。製品の製造は，次のとおり，中国のA公司に外注しています。

---

① 　加工に必要な原材料は，法人Xが日本国内で調達し，A公司に無償で支給する。

② 　A公司は中国の工場で製品を加工する。

③ 　A公司からの完成品の引渡しについては，輸入手続をBに委託する。

④ 　Bは，製品の輸送や輸入に関する保険契約の締結，製品の保税地域への搬入などを行い，輸入に当たり必要な仕入書（インボイス）の荷受人，A公司への加工賃の決済に使用された輸入手形の名宛人，輸入申告及び輸入の許可の名宛人，輸入についての関税及び消費税等の申告，納付の名義人となる。

⑤ 　法人Xは，手続委託の報酬として製品の輸入金額の12パーセント相当額を支払う。

⑥ 　法人Xは，Bが保存する輸入許可通知書及び輸入消費税等の納付書の写しを受け取って保存し，Bが立て替えた輸入消費税等の額をBに支払う。

　法人Xは，従来，この輸入に係る消費税額を仕入税額控除の対象としています。しかし，税務調査において，調査官から，仕入税額控除の対象とならない旨の指摘を受けました。

　法人Xは，自ら輸入手続を行う能力が無く，対中国貿易実務の知識経験を有するBに輸入手続を委託する必要がありました。輸入の消費税として

控除した金額は，現実に税関で課せられた消費税の額です。それにもかかわらず，控除の適用を認めないという調査官の指摘は，あまりにも酷であり納得できません。

消費税法基本通達11－1－6による実質的な輸入者における仕入税額控除の取扱いが適用されるのではないでしょうか。

ANSWER

1　仕入税額控除

消費税法30条1項は，課税事業者が，国内において行う課税仕入れ若しくは特定課税仕入れ又は保税地域から引き取る課税貨物については，その課税仕入れを行った日等の属する課税期間の課税標準額に対する消費税額から，その課税期間中に国内において行った課税仕入れに係る消費税額，特定課税仕入れに係る消費税額及びその課税期間における保税地域からの引取りに係る課税貨物につき課された又は課されるべき消費税額の合計額を控除するものとしています。

仕入税額控除の制度は，消費税の課税事業者が納付すべき税額を算定する際に仕入税額を控除することによって，税が累積することを防止するものであり，課税事業者が仕入れの際に自ら負担した税額を控除することを予定した制度です。

保税地域からの貨物の引取りに係る輸入消費税については，課税貨物を引き取る事業者が，その事業者の氏名又は名称が記載された輸入許可通知書の保存が控除の要件とされており（消法30⑦⑨三），課税事業者が自ら輸入段階で納付した税額を控除する仕組みとなっています。

2　申告納税制度

関税法6条の2第1項1号に規定する申告納税方式が適用される課税貨物については，輸入消費税についても申告納税制度が採用されています。申告納税制度は，法定の納税義務者に対し，その課税内容を最も知悉する者として，法

律の定める手続に従って，一定の要式により，できるだけ正確な課税内容を申告することを期待する一方，この納税申告に対し，原則として，既に国家と納税義務者との間に成立している納税義務の確定という公法上の効果を付与し，この確定した納税義務を前提として，これに応じた納付を予定しています。私法関係と異なり，法的安定性，法律関係の明確性の要請が強く支配する租税法の下において，納税申告がこのように納税義務の確定という公法上の効果の発生をきたす要式行為であることに照らせば，納税義務者本人が第三者名義でその納税申告をすることを，法は全く予定していないといわなければなりません。

3 B名義で輸入申告を行った消費税の控除

　Bは，法人Xから委託され，製品の輸送及び保税地域への搬入をし，その輸入申告及び輸入許可の名宛人，関税及び輸入消費税等の名義人となって，これらの申告，納付を行い，A公司への加工賃の決済に使用された輸入手形の名宛人となり，法人Xから輸入消費税等相当額を受領した後も輸入許可通知書及び輸入消費税等の納付書の原本を自ら保管しています。そうすると，客観的にはBが製品を輸入して処分権をいったん取得した上で，法人Xが輸入手形を決済し手数料及び輸入消費税等相当額を支払うことと引換えに，製品の処分権を移転したということになるでしょう。法人Xが輸入する製品についての輸入消費税の申告納付はBの名義で行われ，Bが輸入消費税の納税義務者であったということが公法上確定されたということになります。

　したがって，この輸入消費税については，Bが課税事業者として納付すべき消費税において控除されるのであり，特段の事情がない限り，輸入消費税の申告名義人ではない法人Xの納付すべき消費税において控除されることはありません。

　法人Xは，自ら輸入手続を行う能力が無く，対中国貿易実務の知識経験を有するBに輸入手続を委託する必要があったのであり，また，現実に税関で課せられた消費税を控除しています。それにもかかわらず控除の適用を認めないという調査官の指摘はあまりにも酷であると訴えておられます。しかし，このよ

うな場合であっても，法人Ｘが輸入消費税についての控除を受けるためには，Ｂを代理人として，法人Ｘに輸入申告の効果を帰属させるという方法を取るべきでしょう。

4 実質的な輸入者に控除を認める例外

消費税法基本通達11－1－6は，輸入申告者が単なる名義人であって実質的な輸入者が別にいるときに，実質的な輸入者に仕入税額控除の適用を認めるべき場合があることを示しています。この通達は，例えば，飼料の製造のための原料品であるとうもろこし等の輸入については，関税定率法13条1項の規定により関税が免除されますが，その免除を受けるためには，税関長の承認を受けた製造者の名をもっていわゆる限定申告をしなければならないとされており（関税定率令7②），このように輸入申告をする者が限定されているような場合には，実質的な輸入者である商社等と，申告をするいわゆる限定申告者との名義が異なることが想定されることから，そのような例外的な場合には，仕入税額控除の趣旨を全うさせるために，実質的な輸入者が引取りに係る消費税について仕入税額控除を受け，いわゆる限定申告者は実質的な輸入者からの買取りについての消費税額について仕入税額控除を受けることとしたものであると解されます。

したがって，この通達が存在することによって，一般的に実質的輸入者が仕入税額控除を受けると解釈すべきことになるわけではありません。

そして，法人Ｘが行う製品の輸入は，この消費税法基本通達11－1－6が例外的に定める要件に該当するとは認められません。

【参照】
- 東京地裁平成20年2月20日判決【日税連税法データベース（タインズ）コードＺ258－10897】，最高裁昭和46年3月30日判決【刑集25巻2号359頁】

第4章
簡易課税制度

QUESTION 49

材料の有償支給を受けている場合の簡易課税制度の計算

　法人Xは，設立をした課税期間中に消費税簡易課税制度選択届出書を提出しました。

　法人Xの事業は，メーカーA社から原材料の支給を受け，これを組み立てて製造した製品をメーカーA社に納品する製品組立製造業で，それ以外の事業は行っていません。その処理方法等は，次のとおりです。

① 　メーカーA社は，原材料を法人Xに引き渡した段階で，原材料の売買代金を法人Xに請求し，会計帳簿上売掛金として処理しています。法人Xに支給した原材料は，自己の棚卸資産として計上していません。

② 　法人Xは，メーカーA社からの材料の支給を仕入れとは認識せず，加工賃部分の4,500万円を売上げに計上しています。

③ 　法人Xは，メーカーA社に対し，月ごとに，支給を受けた原材料のうち使用した数量等を報告するとともに，材料費の金額に加工賃（第1期においては3億円）及び消費税額を加えて売買代金を請求します。

④ 　法人Xが，メーカーA社に対して支給を受けた材料費の代金を支払うことはありません。メーカーA社が，法人Xからの請求額と相殺して，その差額を翌月末日に送金する方法で決済するからです。

　契約では，メーカーA社が法人Xに支給した原材料の所有権移転の時期は代金を支払ったときとなっており，原材料に係る保険契約もメーカーA社が締結しています。これは，メーカーA社において，売掛債権の保全を行う必要があるからと説明されています。

　なお，下請法の規制により，メーカーA社に未使用分として報告した部分の金額は，相殺されることなく支払いを受けています。

　メーカーA社は，法人Xへの材料の支給について請求額とした金額を課税売上高として消費税の課税標準額を計算しているようですが，法人Xに

QUESTION 49 材料の有償支給を受けている場合の簡易課税制度の計算

おいては、支給を受けた材料を他に流用することは一切なく、材料支給を譲渡としている契約は形式的なものであり、現実に受け取る加工賃が本来の売上高であると認識しています。

したがって、この加工賃の額を課税売上高とし、第4種事業のみなし仕入れ率60%を適用して簡易課税制度により控除対象仕入税額の計算を行うことが正しいと考えていますが、よろしいでしょうか。

ANSWER

1 課税の対象

消費税法4条1項は、「国内において事業者が行った資産の譲渡等」を消費税の課税対象と規定し、「資産の譲渡等」とは、消費税法2条1項8号において、「事業として対価を得て行われる資産の譲渡及び貸付け並びに役務の提供」とされています。したがって、国内において、事業者が、資産の譲渡及び貸付け並びに役務の提供を行い、これに対して反対給付を受ける場合（消基通5－1－2）には、消費税の課税の対象となります。

事業者が外注先等に対して外注加工に係る原材料等を支給する場合において、その支給に係る対価を収受することとしているとき（原材料の支給が有償支給であるとき）は、その原材料等の支給は、対価を得て行う資産の譲渡に該当します。

ただし、有償支給の場合であってもその支給をした事業者がその支給に係る原材料等を自己の資産として管理しているときは、その原材料等の支給は、資産の譲渡に該当しないものとされます。この場合には、有償で原材料の支給を受けた外注先等においても、その原材料等の有償支給は課税仕入れに該当しないこととなり、その支給をした事業者から収受すべき金銭等のうち原材料等の有償支給に係る金額を除いた金額（役務の提供の対価としての加工賃等）が課税の対象になります（消基通5－2－16）。

2 基準期間における課税売上高

基準期間における課税売上高の計算について、事業者が原材料等の支給を受けて加工等を行った場合には、国内において行った課税資産の譲渡等の対価の額は、原則として、次に掲げる対価の額となります（消基通1-4-3）。

① 製造販売契約の方式により原材料等の有償支給を受けている場合…加工等を行った製品の譲渡の対価の額
② 賃加工契約の方式により原材料等の無償支給を受けている場合…加工等に係る役務の提供の対価の額

この取扱いは、上記■の判断を基礎としたものであって、上記■において課税の対象となった金額をもって、基準期間における課税売上高の計算が行われることになります。

3 下請法による規制

下請代金支払遅延等防止法4条2項1号は、親事業者が、下請事業者に対し製造委託等をした場合に、「自己に対する給付に必要な原材料等を自己から購入させた場合に、下請事業者の責めに帰すべき理由がないのに、当該原材料等を用いる給付に対する下請代金の支払期日より早い時期に、支払うべき下請代金の額から当該原材料等の対価の全部若しくは一部を控除し、又は当該原材料等の対価の全部若しくは一部を支払わせること」によって、下請事業者の利益を不当に害してはならないものとしています。

4 有償支給であるかどうかの判断

法人Xとメーカー A社との契約関係をみると、材料の支給及び製品の引渡しは、いずれも譲渡契約となっており、メーカー A社は、法人Xに原材料を引き渡した段階で、支給した原材料の売買代金を請求し、会計帳簿上売掛金として処理しています。

法人Xからメーカー A社へ製品の納入については、法人Xは、支給を受けた原材料の金額に加工賃を加え、これを製品の代金として請求し、メーカー A社

は，法人Xから製品の引渡しを受けた日に買掛金として処理しています。

法人Xは，原材料の支給に係る売買代金の現金決済が行われていないこと，法人Xにおいては支給を受けた原材料をメーカーA社に納入する製品の材料として使用するのみで他に流用することが一切ないこと等から，形式上，譲渡契約による有償支給となっているものの，実際には資産の譲渡が存在しないと判断しておられるようです。

しかし，各売買代金の決済は，法人XがメーカーA社へ納入した製品の売買代金債権とメーカーA社が法人Xに支給した原材料の売買代金債権とを対当額で相殺することによって行われています。メーカーA社は，この決済方法に基づき会計帳簿上の処理を行い，法人Xへの原材料の有償支給を資産の譲渡として計上し，消費税を納税しています。したがって，メーカーA社から法人Xに対する原材料の譲渡契約が形式的なものに過ぎないとはいえません。

メーカーA社から法人Xへの原材料の支給は，当事者である両者が契約したとおり，メーカーA社が法人Xからその対価を収受する資産の譲渡であり，有償支給と認められます。

5　メーカーA社が在庫管理をしているかどうかの判断

契約では，メーカーA社が法人Xに支給した原材料の所有権移転の時期は代金を支払ったときとなっており，原材料に係る保険契約もメーカーA社が締結しています。これは，メーカーA社において，売掛債権の保全を行う必要があるための措置であり，そのことによって，メーカーA社が，在庫管理を行っていると判断することはできません。

また，法人XからメーカーA社への原材料の在庫の報告は，下請代金支払遅延等防止法4条2項1号の規定により，メーカーA社が法人Xに支給した原材料のうち未だ使用されていないものは，原材料の支給代金を請求することが制限されているため，未使用の原材料の数量を確認する必要があるからです。この報告があることをもって，メーカーA社が，法人Xに支給した原材料を自己の棚卸資産として管理しているとはいえず，逆にこの報告は，法人Xが支給さ

れた材料の管理をしていることの現われであるといえるでしょう。

したがって，役務の提供の対価としての加工賃等の額を課税売上高と認識する消費税法基本通達5－2－16の取扱いは適用されないものと考えられます。

6 簡易課税制度の適用と計算

　法人Xは，設立をした課税期間中に消費税簡易課税制度選択届出書を提出しています。

　第1期には基準期間がないので，基準期間における課税売上高は5,000円以下となり，簡易課税制度の適用があります。

　この場合，納付すべき消費税額は，加工賃の額4,500万円を課税標準額として第四種事業とするのではなく，メーカーA社に請求した譲渡代金3億円を課税標準額として第三種事業のみなし仕入率70％を適用して計算することになります。

　第2期も基準期間がないので，基準期間における課税売上高は5,000円以下となり，簡易課税制度の適用があります。

7 基準期間における課税売上高の計算

　第3期においては，前々事業年度である第1期が基準期間となります。

　上記2のとおり，有償支給の場合の基準期間における課税売上高は，基準期間における課税資産の譲渡等の認識に従って計算することになります。

　したがって，第3期の基準期間における課税売上高は，加工賃の額4,500万円ではなく，メーカーA社に請求した製品の譲渡代金3億円となり，第3期においては簡易課税制度の適用はありません。

【参照】
・　熊本地裁平成9年9月10日判決【日税連税法データベース（タインズ）コードZ228－7981】

QUESTION 50

第1期から適用する簡易課税制度の継続適用期間

　法人Xは，平成〇1年5月1日に資本金1,000万円で設立した株式会社であり，その事業年度は，毎年4月1日から3月31日までの1年間です。第1期中に簡易課税制度選択届出書を提出しており，その「適用開始課税期間」欄には，「〇1年5月1日から〇2年3月31日まで」と記載していました。

　この場合，簡易課税制度の継続適用期間はどうなりますか。

ANSWER

1　簡易課税制度の趣旨

　消費税法は，税負担の累積を排除するため，売上げに係る消費税額から現実に行った仕入れに係る消費税額を控除して，納付すべき消費税額を算出するものとしています。

　しかし，この実額控除の方法による税額の計算には，一定の事務処理能力が必要とされ，そのような能力を全ての課税事業者に期待することは困難であることから，事業者の事務負担に配慮して，事業者の選択により，実額による控除に代え，課税標準額に対する消費税額にみなし仕入率を乗じて計算した金額を控除する簡易課税制度が設けられています。

2　簡易課税制度の選択

　課税事業者が，その納税地を所轄する税務署長に，簡易課税制度選択届出書を提出した場合には，その届出書を提出した日の属する課税期間の翌課税期間以後の課税期間（その基準期間における課税売上高が5,000万円を超える課税期間及び分割等に係る課税期間を除きます）については，簡易課税制度を適用して控除対象仕入税額を計算することになります（消法37①）。

なお，簡易課税制度選択届出書を提出した日の属する課税期間が事業を開始した日の属する課税期間等である場合には，その課税期間以後の課税期間について簡易課税制度が適用されますが，簡易課税制度選択届出書に記載することにより，適用開始課税期間を翌課税期間とすることもできます（消法37①，消基通13－1－5）。

　法人Xは，事業を開始した日の属する課税期間等である第1期において，「適用開始課税期間」欄に「○1年5月1日から○2年3月31日まで」と記載して簡易課税制度選択届出書を提出しました。

　法人Xは，設立時の資本金の額が1,000万円であることから，第1期は新設法人に該当して課税事業者となります。ただし，新設法人の納税義務の免除の特例は，簡易課税制度の選択を妨げるものではありません。簡易課税制度は，その事業年度開始の日の資本金の額にかかわりなく適用することができます。したがって，控除対象仕入税額の計算は，簡易課税制度によることになります。

3 簡易課税制度の不適用

　簡易課税制度選択届出書を提出した事業者は，その適用を受けることをやめようとするとき，又は事業を廃止したときは，その旨を記載した届出書（簡易課税制度選択不適用届出書又は事業廃止届出書）をその納税地を所轄する税務署長に提出します（消法37⑤）。その提出があった日の属する課税期間の末日の翌日以後は，簡易課税制度選択届出書の効力は失われ，一般課税により控除対象仕入税額を計算することになります（消法37⑦）。

　ただし，簡易課税制度選択不適用届出書は，事業を廃止した場合を除き，簡易課税制度選択届出書の効力が生じた日の属する課税期間の初日から2年を経過する日の属する課税期間の初日以後でなければ，提出することができません（消法37⑥）。

　簡易課税制度の適用を開始した○1年5月1日から2年を経過する日の属する日は○3年4月30日であり，この日の属する課税期間は第3期となります。第3期に簡易課税制度選択不適用届出書を提出すると，第4期以後は，簡易課

QUESTION 50　第1期から適用する簡易課税制度の継続適用期間

税制度選択の効力がなくなります。

　結果として，法人Xは，基準期間における課税売上高が5,000万円以下である限り，○1年5月1日から○4年3月31日までの2年11か月間，継続して簡易課税制度を適用することになります。

4　課税期間の特例を適用する場合

　法人は，原則として，事業年度が課税期間となります（消法19①二）。

　ただし，納税地を所轄する税務署長に届出を行い，特例を選択して，課税期間をその事業年度開始の日から3か月ごとの期間又は1か月ごとの期間に短縮することができます（消法19①四，四の二）。

　法人Xが，○3年4月1日から4月30日までの間に，簡易課税制度選択不適用届出書にあわせて，課税期間を1か月ごとに短縮する旨を記載した課税期間特例選択届出書を提出した場合には，○3年5月1日以後は，一般課税により申告することとなります。

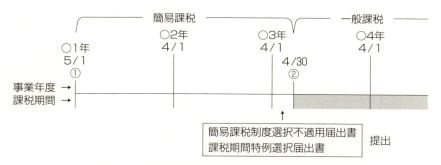

　①から2年を経過する日②の属する課税期間の初日以後に簡易課税制度選択不適用届出書を提出することができる。
　課税期間を1カ月ごとに短縮すると，○3年5月1日以後は，一般課税となる。

　また，法人Xが，○3年5月1日から7月31日までの間に，簡易課税制度選択不適用届出書にあわせて，課税期間を3か月ごとに短縮する旨を記載した課税期間特例選択届出書を提出した場合には，○3年8月1日以後は，一般課税

により申告することとなります。

　この特例の適用を受けている事業者が，その適用を受けることをやめようとする旨又は事業を廃止した旨を記載した届出書（課税期間選択不適用届出書）を納税地を所轄する税務署長に提出した場合には，その提出があった日の属する課税期間の末日の翌日以後は，課税期間特例選択届出書の効力を失われます（消法19③④）。

　ただし，課税期間選択不適用届出書は，事業を廃止した場合を除き，課税期間特例選択届出書の効力が生ずる日から2年を経過する日の属する課税期間（短縮した課税期間）の初日以後でなければ，提出することができません（消法19⑤）。したがって，少なくとも2年間は，その選択した1か月ごとの課税期間又は3か月ごとの課税期間によらなければなりません。

【参照】
- 東京高裁平成13年5月31日判決【日税連税法データベース（タインズ）コードＺ250-8914】

QUESTION 51

簡易課税制度選択届出書を提出した後に高額特定資産の仕入れ等を行った場合

　法人Xは，消費税の課税事業者であり，翌課税期間から簡易課税制度を適用するため簡易課税制度選択届出書を提出しました。その後，課税期間の末日までに1,200万円の車両1台を購入しました。

　簡易課税制度選択届出書は，高額特定資産の仕入れ等の前に提出していますから，翌課税期間から簡易課税制度が適用できるものと考えていますが，よろしいでしょうか。

　なお，車両の課税仕入れに係る消費税額があっても，当課税期間の消費税は，還付申告ではありません。

ANSWER

■1　高額特定資産の仕入れ等に係る特例

　課税事業者が一般課税により申告する課税期間において，高額特定資産の仕入れ等を行ったときは，その高額特定資産の仕入れ等の日の属する課税期間の初日から，同日以後3年を経過する日の属する課税期間の初日の前日までの期間は，簡易課税制度選択届出書を提出することができません。

■2　高額特定資産の仕入れ等の前に簡易課税制度選択届出書を提出した場合

　高額特定資産の仕入れ等を行う日よりも前にはその提出が制限されないので，ご質問のように，その課税期間の初日から高額特定資産の仕入れ等を行う日までの間に簡易課税制度選択届出書を提出している，という場合が想定されます。この場合には，高額特定資産の仕入れ等により，簡易課税制度選択届出書の提出はなかったものとみなされます（消法37④）。この取扱いは，その課税期間

の消費税について，一般課税により申告した場合に適用されるのであり，還付申告であったかどうかによって変わるものではありません。

したがって，法人Xが行った簡易課税制度選択届出書の提出はなかったものとみなされ，法人Xは，その高額特定資産の仕入れ等を行った日の属する課税期間の初日以後3年を経過する日の属する課税期間まで，納税義務は免除されず，簡易課税制度を適用することもできません（消法12の4①）。

3 税務署からのお知らせ

なお，高額特定資産の仕入れ等があった事実は，簡易課税制度選択届出書の提出を受けた課税庁の知るところではありません。したがって，イータックスによるお知らせは，当然「簡易課税制度選択届出書」の提出ありとなっており，イータックスを利用していない場合には，課税庁から簡易課税用の申告書が送付されますから，注意が必要です。

QUESTION 52

税理士の病気と簡易課税制度選択届出に係る「やむを得ない事情」

　法人Xは，不動産賃貸業を営む株式会社であり，数年前より税理士Aと顧問契約を締結し，税務代理等を委任しています。

　法人Xは，税理士Aから，翌課税期間（自〇2年1月1日至〇3年12月31日）において簡易課税制度を適用するためには，簡易課税制度選択届出書を〇1年12月末までに提出する必要があると説明され，税理士Aが作成した簡易課税制度選択届出書に代表者が記名押印して〇1年12月26日に税理士Aの事務所に郵送しました。この郵便は，翌27日に，税理士Aの事務所に届きましたが，事務所のスタッフはこれを開封せず，また，当日病気であった税理士Aの体調を気遣って郵便が届いているという連絡もしませんでした。

　税理士Aは，〇1年12月26日頃から体調が優れず，38度5分の発熱があり，医師から「解熱剤の入った感冒薬を飲み，外出せずに静養するように」との指示を受け，自宅で安静にしていました。この病状は翌年1月3日頃まで続きました。

　税理士Aは，年末年始の休業明けの〇2年1月7日に出勤して，簡易課税制度選択届出書を提出していないことに気付き，即日，簡易課税制度選択届出書と併せて，簡易課税制度選択届出に係る特例承認申請書を提出しました。特例申請書の「課税期間の初日の前日までに提出できなかった事情」欄に，「〇1年12月26日に，顧問税理士宛に選択届出書を記名押印の上郵送したが，顧問税理士が体調不良により数日間伏せていたため，期限までに提出していないことが判明した。」と記載しています。

　ところが，本日，法人Xに対し，所轄税務署から，簡易課税制度選択届出に係る特例承認申請を却下する旨の書面が送付されました。

簡易課税制度選択届出書を所定の時期に提出しなかったのは，税理士Ａが病気であったためであり，法人Ｘは税理士Ａが病気であったことも知りませんでした。したがって，法人Ｘに過失はなく，法人Ｘの責めに帰することができないのですから，「やむを得ない事情」であったと考えられ，特例が認められないことには納得ができません。何か，方法はないでしょうか。

ANSWER

1　やむを得ない事情の範囲

　簡易課税制度の適用を受けるためには，事業者は，原則として，その適用を受けようとする課税期間が開始する前に，簡易課税制度選択届出書を所轄税務署長に提出しなければなりません。

　ただし，「やむを得ない事情」があるため，その適用を受けようとする課税期間の初日の前日までに簡易課税制度選択届出書を提出できなかった場合において，所轄税務署長の承認を受けたときは，その届出書がその適用を受けようとする課税期間の初日の前日に所轄税務署長に提出されたものとみなす特例があります（消法37⑧，消令57の2①）。

　この特例の適用に当たり，「やむを得ない事情」とは，次のような場合をいいます（消基通13－1－5の2，1－4－16）。

> ①　震災，風水害，雪害，凍害，落雷，雪崩，がけ崩れ，地滑り，火山の噴火等の天災又は火災その他の人的災害で自己の責任によらないものに基因する災害が発生したことにより，届出書の提出ができない状態になったと認められる場合
> ②　上記①に規定する災害に準ずるような状況又は当該事業者の責めに帰することができない状態にあることにより，届出書の提出ができない状態になったと認められる場合
> ③　その課税期間の末日前おおむね1月以内に相続があったことにより，

QUESTION 52　税理士の病気と簡易課税制度選択届出に係る「やむを得ない事情」

> 　当該相続に係る相続人が新たに法第9条第4項の届出書を提出できる個人事業者となった場合
> ④　①から③までに準ずる事情がある場合で，税務署長がやむを得ないと認めた場合

　この特例の趣旨は，災害等により届出書を提出できなかった場合にまで手続の原則を貫くことは事業者に酷すぎることとなるため，天災又は自己の責任によらない火災などの人的災害の発生や，これらの災害に準ずるような状況により，課税期間の初日の前日までに届出書の提出ができない状態であったと認められる場合には，所轄税務署長の承認を要件として，特に事後の提出を認めるというものであると言えるでしょう。

　したがって，「やむを得ない事情」は，基本的には天災やそれに準ずるような事情等を言うものであって，例えば租税に関する知識不足や誤解等の主観，その事業者の個人的な事情，届出書の提出の失念などは含まれません。

2　税理士の病気とやむを得ない事情

　簡易課税制度選択届出書が所定の時期までに提出がされなかったのは，税理士Aが急な発熱のため仕事を休んでいて郵便物を開封していなかったためです。

　法人Xは，自身は○1年中に提出ができるように，代表者が記名押印した簡易課税制度届出書を税理士Aに送付しており，関与税理士の病気を知らなかったことに過失はなく，消費税法基本通達1-4-16に示された「当該事業者の責に帰することができない状態」であって，消費税法施行令57条の2第1項に規定する「やむを得ない事情」に該当するとお考えのようです。

　しかし，法人Xは，自らの意思と責任において，税理士Aに関与税理士として税務代理等を委任し，簡易課税制度選択届出書等の提出など，法人Xが簡易課税制度の適用を受けるための手続をするように依頼しています。そうすると，受任者である税理士の行為は，委任者である法人Xの責任の範囲内の行為であると解され，「やむを得ない事情」の存否については，基本的に受任した税理

士を基準に判断するべきであるということになります。

　税理士Aは，簡易課税制度選択届出書を〇1年12月末までに提出する必要があることを認識の上，作成した簡易課税制度選択届出書を法人X宛に送付しており，法人Xが記名押印したものの返送を受けて年内に税務署に提出する予定でした。そうすると，税理士Aは，自ら，簡易課税制度選択届出書を〇1年12月末までに提出できるよう手配しなければならなかったと言えます。

　受任者である税理士において，「やむを得ない事情」があったかどうかは，その具体的状況等により個別に判断すべきものですが，税理士Aの病状は，〇1年12月26日頃から発熱し，医師の指示に基づき感冒薬を服用し，〇2年1月3日頃まで自宅で安静にしていたという程度のものでした。これについて税務署長は，天災又は自己の責任によらない火災などの人的災害の発生や，これらの災害に準ずるような状況又は自己の責めに帰することができない状態にあることにより，届出書の提出ができない状態になったというような「やむを得ない事情」があったとは言えない，と判断したものでしょう。

3　対応の検討

(1)　不服申立て

　税務署長が行った処分に不服があるときは，その処分の取消しや変更を求める不服申立てを行うことができます（通則法75③）。不服申立ての具体的な手続は，「再調査の請求」及び「審査請求」です（通則法75①）。

【再調査の請求】

　税務署長が行った処分に不服があるときは，処分の通知を受けた日の翌日から3か月以内に，税務署長に対して「再調査の請求」を行うことができます（通則法77①）。

　税務署長は，その処分が正しかったかどうか，改めて見直し，その結果を「再調査決定書」により納税者に通知します（通則法84⑦⑩）。

【審査請求】

　再調査の請求を行った後，その決定後の処分になお不服があるときには，

QUESTION 52 税理士の病気と簡易課税制度選択届出に係る「やむを得ない事情」

「審査請求」を行うことができます。また，再調査の請求を経ずに審査請求を行うこともできます（通則法75①）。再調査の請求をした場合であっても，その請求から３か月を経過しても再調査の請求に係る決定がない場合には，その決定を待たず，審査請求を行うことができます（通則法75④）。

税務署長に対する再調査の請求を経てから行う場合には，再調査決定書により通知された日の翌日から１か月以内に，直接審査請求を行う場合には，承認却下の処分の通知を受けた日の翌日から３か月以内に，それぞれ審査請求書を国税不服審判所長に提出する必要があります（通則法77①②）。

国税不服審判所長は，納税者の不服の内容について審査し，その結果を「裁決書」により納税者と税務署長に通知します（通則法98②③，101①③）。

【訴訟】

国税不服審判所長の裁決を受けた後，なお処分に不服があるときは，その通知を受けた日の翌日から６か月以内に，裁判所に「訴訟」を提起することができます（行政事件訴訟法14①）。

再調査の請求	再調査の請求の時期	処分の通知を受けた日の翌日から３か月以内
	再調査の請求先	原処分庁である所轄税務署長等
審査請求	審査請求の時期	①　再調査決定書の送達を受けた日の翌日から１か月以内 ②　再調査の請求を経ずに審査請求をする場合は，処分の通知を受けた日の翌日から３か月以内
	審査請求先	国税不服審判所長
訴訟	訴訟提起の時期	裁決の通知を受けた日の翌日から６か月以内
	訴訟の提起先	地方裁判所

ただし，ご照会の事実関係からして，不服申立て又は訴訟により，税務署長が行った処分が変更される可能性は低いと考えられ，また，その手続及び審理には，相当の時間と労力が必要となります。

(2) 課税期間の特例の選択

　現実的な将来に向かっての対応策としては，課税期間の特例により課税期間を短縮して，翌事業年度を待たず，簡易課税制度の適用を開始する方法が考えられます。

　法人の課税期間は，原則として事業年度ですが，所轄税務署長に「課税期間特例選択・変更届出書」を提出した場合は，その事業年度をその開始の日以後３か月ごと又は１か月ごとに区分した各期間が課税期間となります（消法19①二，四，四の二）。

　例えば，課税期間を３か月ごととする旨を記載した課税期間特例選択・変更届出書を○２年３月末日までに提出すれば，○２年１月１日から12月31日までの事業年度は，○２年１月１日から３月31日までの課税期間，４月１日から６月30日までの課税期間，７月１日から９月30日までの課税期間，10月１日から12月31日までの課税期間となり，○２年１月７日に提出した簡易課税制度選択届出書の効力は，○２年４月１日から生じることになります。

　なお，課税期間の特例選択不適用届出書は，事業を廃止した場合を除き，その選択の効力が生ずる日から２年を経過する日の属する課税期間（短縮された課税期間）の初日以後でなければ，提出することができません。

　したがって，簡易課税制度と同様に，少なくとも２年間は継続して適用することとなり，選択から２年間は，３か月ごと（課税期間を１か月とすることを選択した場合は１か月ごと）に，簡易課税制度を適用して確定申告書を提出することとなります。

> 【参照】
> ・　平成26年７月11日裁決【日税連税法データベース（タインズ）コード　Ｆ０－５－145】

第5章

売上返還税額控除

QUESTION 53

土地付き建物の値引き販売

　法人Xは，購入した土地の上に建物を建築し，土地付き建物として分譲しています。

　近年，分譲販売が伸び悩み，売り出しから3か月を経過した時点で15％，6か月を経過した時点で30％の値引きを行い，ようやく完売している状況です。

　この値引きは，販売時期の遅れにより建物が新古品となってしまったことから，販売価額を見直す必要が生じたものですから，全額建物の対価の値引きと考えております。そこで，分譲当初の価額により，土地については非課税売上げを，建物については課税売上げを計上した上で，値引き額の全額について，売上げに係る対価の返還等をした場合の消費税額の控除の処理を行いました。

　ところが，税務調査において，重要事項説明書及び売買契約書には，値引き後の土地付き建物の売買価額の総額と，内税として分譲当初の消費税等の額が記載されていることから，建物の値引きとして税額控除をすることはできないと指摘されています。調査官の指摘は正しいのでしょうか。

ANSWER

■ 売上げに係る対価の返還等をした場合の消費税額の控除

　消費税法38条1項は，事業者が，国内において行った課税資産の譲渡等につき，返品を受け，又は値引き若しくは割戻しをしたことにより，その課税資産の譲渡等の税込価額の全部若しくは一部の返還又はその課税資産の譲渡等の税込価額に係る売掛金その他の債権の額の全部若しくは一部の減額（売上げに係る対価の返還等）をした場合には，その売上げに係る対価の返還等をした日の

属する課税期間の課税標準額に対する消費税額からその課税期間において行った売上げに係る対価の返還等の金額に係る消費税額の合計額を控除するものとしています。これは、いったん行った課税資産の譲渡等につき、その後、返品等の事由により、その対価の返還等を行った場合には、その返還した対価の額に係る消費税額につき税額控除を行う旨を定めたものです。

　法人Xは、土地付き建物の譲渡に当たり、相当額の値引きを行った上で、その値引き後の価額を対価の額として契約を締結しています。したがって、その値引きは、販売に際しての値下げであって、消費税法38条に規定する売上対価の返還等に該当しません。その値下げ後の金額が土地付き建物に係る一括譲渡の対価の額です。

2　消費税の課税標準額

　課税資産の譲渡等に係る消費税の課税標準は、課税資産の譲渡等の対価の額であるとされています（消法28①）。

　また、消費税法施行令45条3項は、「事業者が課税資産と非課税資産とを同一の者に対して同時に譲渡した場合において、これらの資産の譲渡の対価の額が課税資産の譲渡の対価の額と非課税資産の譲渡の対価の額とに合理的に区分されていないときは、当該課税資産の譲渡等に係る消費税の課税標準は、これらの資産の譲渡の対価の額に、これらの資産の譲渡の時における当該課税資産の価額と当該非課税資産の価額との合計額のうちに当該課税資産の価額の占める割合を乗じて計算した金額とする。」と規定しています。この規定は、課税資産の譲渡等と非課税資産との一括譲渡した場合において、それぞれの対価の額が合理的に区分されていないときは、その区分は、これらの資産の時価によるべきであることを明らかにしたものです。したがって、契約において、対価の額が合理的に区分されている場合には、この規定の適用の対象となりません。

　土地と建物を一括譲渡するに当たって、取引当事者が契約において建物及び土地等の譲渡対価を決定している場合には、特段不合理な理由があると認められる場合を除き、その契約によることになります。その譲渡対価の額につき特

段不合理とする理由がないにもかかわらず，その決定し，明記した取引価額によらない区分を認めれば，結果として，譲渡者側と取得者側における土地及び建物の対価の額が異なることとなるとともに，一の取引における同一の資産について税務上2つの対価の額が存在するという結果となってしまうからです。

3　契約書等に消費税等の記載がある場合

売買契約書は，契約当事者が合意に至った契約内容を記載するものです。また，重要事項説明書は，宅地建物取引業者が自ら売主として取引する場合及び不動産取引を代理又は媒介する場合に，紛争を防止するために買主に説明するべき重要事項を記載して説明し交付することが法定されているものです（宅建法35，37）。

法人Xは，土地付き建物の譲渡に当たり，購入者との間で締結した契約に係る売買契約書及びその売買物件について説明する重要事項説明書に，値引き後の土地付き建物の譲渡対価の額及び分譲当初の消費税等の額を記載しています。これらの記載については，契約当事者がその合意したところと異なる金額をあえて記載したといった事情は見当たらないことから，これらに記載された消費税等の額は，契約当事者間で合意した建物の譲渡対価の額を基に計算された消費税額等であるということになります。したがって，この建物の売買価額は，重要事項説明書及び売買契約書に記載された消費税額等から逆算する方法によって算定することができるのであり，土地と建物それぞれの売買価額は売買契約書において合理的に区分されているといえます。

4　調査官の指摘について

上記により，法人Xが行った土地付き建物の譲渡において，建物の譲渡に係る税込対価の額は，消費税額等を基礎として逆算する方法によって算出した金額にその消費税等の額を加えた金額であり，土地の譲渡に係る対価の額は，売買価額の総額から，建物の譲渡に係る税込対価の額を控除した残額となります。

したがって，分譲当初に設定した価額により課税売上高及び非課税売上高を

QUESTION 53 土地付き建物の値引き販売

計上し，その上で，実際の譲渡の対価の額との差額を売上げに係る対価の返還等として税額控除の対象とすることはできない，という調査官の指摘は正しいものといえます。

【参照】
・ 平成13年10月24日裁決【日税連税法データベース（タインズ）コード　Ｆ０－５－075】

QUESTION 54

消費者に対するキャッシュバックサービス

　パーソナルコンピュータのメーカーである法人Ｘは，新製品キャンペーンの一環として，製品を購入した消費者に対して次のとおりキャッシュバックサービスを行うことにしました。
　① 　消費者は，小売店で製品のパッケージを購入します。
　② 　購入者は，製品のパッケージに内包されているユーザー登録IDにより法人Ｘのホームページからキャッシュバックサービスへの登録を行います。
　③ 　法人Ｘは，キャッシュバックサービスに登録された消費者の預金口座にキャッシュバックサービス対象となる現金を振り込みます。
　なお，このキャッシュバックサービスは，キャンペーン期間中に登録を行った購入者全員に対して行われるもので，懸賞として行われるものではありません。
　法人Ｘが購入者に対してキャッシュバックした金銭の消費税の課税関係はどうなるのでしょうか。

ANSWER

1　販売促進費

　消費税法38条１項は，課税事業者が，国内において行った課税資産の譲渡等（輸出免税の適用があるものを除きます。）につき，返品を受け，又は値引き若しくは割戻しをしたことにより，その課税資産の譲渡等の税込価額の全部若しくは一部の返還又は当該課税資産の譲渡等の税込価額に係る売掛金その他の債権の額の全部若しくは一部の減額（売上げに係る対価の返還等）をした場合には，その課税期間の課税標準額に対する消費税額から，売上げに係る対価の返還等の金額に係る消費税額の合計額を控除するものとしています。

また、消費税法基本通達14－1－2は、「事業者が販売促進の目的で販売奨励金等の対象とされる課税資産の販売数量、販売高等に応じて取引先（課税資産の販売の直接の相手方としての卸売業者等のほか販売先である小売業者等の取引関係者を含む。）に対して金銭により支払う販売奨励金等は、売上げに係る対価の返還等に該当する」旨が規定されています。したがって、法人Xが販売する製品の購入者は、法人Xが商品を譲渡する直接の相手方ではありませんが、法人Xの取引先に含まれるものです。

ご照会のような方法で、法人Xが製品の購入者に対し、もれなくキャッシュバックする金銭は、売上げに係る対価の返還等に該当することになります。

2 帳簿保存の要件

ただし、消費税法39条2項は、事業者が売上げに係る対価の返還等をした金額の明細を記録した帳簿を保存しない場合には、当該保存のない売上げに係る対価の返還等に係る消費税額については適用しない旨を定めており、次に掲げる事項を帳簿に整然と、かつ、明瞭に記録しなければならないものとされています（消令58①）。

① 売上げに係る対価の返還等を受けた者の氏名又は名称
② 売上げに係る対価の返還等を行った年月日
③ 売上げに係る対価の返還等の内容
④ 売上げに係る対価の返還等をした金額

法人Xは、上記の事項を記録した帳簿を整理し、これをその閉鎖の日の属する課税期間の末日の翌日から2月を経過した日から7年間、その事務所等に保存することを要件に、その売上げに係る対価の返還等の金額に係る消費税額の控除を行うことができます（消令58②）。

なお、災害その他やむを得ない事情により、その書類の保存をすることができなかったことをその事業者において証明した場合は、その保存がないときでも、税額控除の適用を受けることができます。

第6章
納税義務の判定

QUESTION 55

納税義務の有無の判定の基本的な考え方

消費税には事業者免税点制度がありますが，なぜ，過去の課税売上高で判定するのでしょうか。

ANSWER

1 小規模事業者の事務負担に配慮

事業者は，国内において行った課税資産の譲渡等につき，消費税の納税義務者となります（消法2①四，5①）。事業者が消費税の納税義務を履行するためには，申告を行うための事務負担を負うこととなりますが，小規模事業者においては，その事務負担に耐えられない場合も考えられます。そこで，小規模事業者を消費税の事務負担から救済する措置として，消費税の納税義務を免除する「事業者免税点制度」が設けられています。小規模事業者は納税額が少額であり税収への影響が少ないことから，納税義務を免除することによって税務執行のコストを節減することができるというメリットもあります。

すなわち，納税義務の免除制度は，小規模事業者を納税事務負担から解放することを目的とした制度であるということです。

2 小規模事業者の判定

小規模事業者であるかどうかは，原則として，その課税期間の基準期間における課税売上高が1,000万円以下であるかどうかにより判断します（消法9①）。個人事業者については，その度の前々年が基準期間となり，法人については，その事業年度の前々事業年度が基準期間となります（消法2①十四）。

事業規模の測定を課税売上高によって行うならば，その課税期間において生じた課税売上高を見るべきと考えられますが，しかし，納税義務の有無は，「その課税期間」でなく，「基準期間」という過去の課税売上高により判定す

ることとされています。

3　過去の売上高による理由

この制度の趣旨は，次のように説明されています。

① 斎須朋之ほか，『改正税法のすべて〔平成23年度版〕』2011年，644頁

> 基準期間という過去の一定の期間における課税売上高によって納税義務の有無を判定することとしているのは，消費税が転嫁を予定している税であることから，事業者自身がその課税期間の開始前に判定できることが必要であり，当該課税期間開始前に確定している直近の実績である基準期間における課税売上高を基にその判定をすることとされている

② 「参議院議員牧山ひろえ君提出中小法人等への課税に関する質問に対する答弁書」第189回国会答弁書第338号内閣参質189第338号，平成27年10月6日

> 事業者免税点制度は，中小事業者の事務負担等に配慮する観点から設けられている制度であるが，課税事業者であるか否かが消費税相当分の価格への転嫁の有無や記帳の有無に影響を及ぼすこと等から，この制度の適用の有無を課税期間の開始前に確定しておくことが適正な課税の実現等のために不可欠

つまり，消費税は事業者が販売する商品やサービスの価格に含まれて転嫁していくことが予定されているものであることから，取引価額の決定に際しては，納税義務の有無を確認する必要があり，また，課税事業者としての帳簿の記載が必要かどうかを確認するために，その課税期間に課税事業者となるかどうかは，事業者自身がその課税期間の開始前にこれを判定することができる仕組みでなければならないということです。

したがって，消費税の納税義務の有無は，その課税期間の課税売上高の大きさに関係なく，過去の課税売上高により判定することとされています。ここで基準期間は，その課税期間の事業規模を映すスクリーンの役割をしているといえるでしょう。

QUESTION 56

委託販売の受託者の課税売上高

　法人Ｘは，旅行業を営んでおり，大手旅行業者から委託されたパック旅行等（航空券，乗車券，宿泊券，国内パック旅行）の販売に係る受託販売手数料を主な収入としています。

　法人Ｘは，従来，損益計算書の売上高には，パック旅行の販売の際に顧客から収受する代金の全額及びこれに係る受託販売手数料の合計額を計上し，この売上高を基に計算した税抜売上高を消費税の課税標準額とするとともに，委託者に支払う金額を課税仕入れに係る支払対価の額として控除対象仕入税額を計算し，消費税の確定申告を行っています。

　ところが，消費税法基本通達10－1－12を確認してみると，受託販売を行った場合には，受託販売手数料が課税資産の譲渡等の対価となるのが原則であり，法人Ｘが行ったいわゆる総額主義による方法は，特例として認められているに過ぎないことがわかりました。そうすると，毎期の受託販売手数料の額が1,000万円以下である法人Ｘには消費税の納税義務はなく，確定申告書の提出は誤りであったと考えられます。

　したがって，更正の請求を行い，これまで納付した消費税等の還付を受けたいと考えていますが可能でしょうか。

ANSWER

１　受託者における課税資産の譲渡等の対価

　消費税法９条１項は，事業者のうち，その課税期間に係る基準期間における課税売上高が1,000万円以下である者については，その課税期間中に国内において行った課税資産の譲渡等につき，消費税を納める義務を免除する旨を規定しています。

　委託販売等に係る受託者については，受託販売手数料が課税資産の譲渡等の

対価になりますが，消費税法基本通達10－1－12は，次のようにいわゆる総額主義による方法を認めています。

> **消費税法基本通達10－1－12（委託販売等に係る手数料）**
> (2) 委託販売等に係る受託者については，委託者から受ける委託販売手数料が役務の提供の対価となる。
> 　なお，委託者から課税資産の譲渡等のみを行うことを委託されている場合の委託販売等に係る受託者については，委託された商品の譲渡等に伴い収受した又は収受すべき金額を課税資産の譲渡等の金額とし，委託者に支払う金額を課税仕入れに係る金額としても差し支えないものとする。

通達が，総額主義の方法によることも差し支えないものとしているのは，受託者において，受託販売手数料の区分経理の煩雑さや営業政策上の理由等により，決算上の利益及び所得税又は法人税の所得の計算を総額主義の方法により算定しているケースがあるという実態を踏まえたものと解されます。これによれば，消費税の確定申告に当たり，総額主義の方法を選択するか否かは，納税者の判断に委ねられていると言えるでしょう。

2　基準期間における課税売上高

また，基準期間における課税売上高は，「課税標準額」を基礎として計算することとされています（消法9②）。

法人Xは，消費税法基本通達10－1－12が認める総額主義の方法を自ら選択して採用し，課税売上高の算定根拠に顧客から収受する旅行代金の全額を含め，委託者である大手旅行業者への支払いを課税仕入れとして，基準期間の申告書を作成しています。

したがって，総額主義の方法によって計算した基準期間における課税売上高が1,000万円を超える場合には，納税義務は免除されません。

3 更正の請求について

　国税通則法23条1項は，申告書に記載した課税標準等若しくは税額等の計算が国税に関する法律の規定に従っていなかったこと又は当該計算に誤りがあったことにより，当該申告書の提出により納付すべき税額が過大であるときには，更正の請求をすることができる旨を規定しています。

　法人Xは，受託販売を行った場合には，原則として，受託販売手数料が課税資産の譲渡等の対価となるので，受託販売手数料の額を基に算出した基準期間における課税売上高が1,000万円以下である場合には，確定申告書に記載した納付すべき税額が過大であるとして，更正の請求を行うことができると解されているようです。

　しかし，法人Xがいったん総額主義の方法を選択適用して申告した場合には，仮に，受託販売手数料を対価として計算した課税売上高が1,000万円以下となる場合であっても，課税標準等若しくは税額等の計算が国税に関する法律の規定に従っていなかったことにはならず，また，当該計算に誤りがあったとも言えないので，更正の請求をすることはできません。

【参照】
- 平成16年3月29日裁決【裁決事例集第67集】【日税連税法データベース（タインズ）コードJ67-5-38】

QUESTION 57

月の末日に設立した場合の第1期の月数

　法人Xは，○1年4月30日に設立した，毎年4月1日から3月31日までの1年間を事業年度とする株式会社です。課税事業者選択届出書の提出はありません。

　月の末日に設立した法人は，基準期間の月数の数え方に注意する必要があると聞きました。第2期及び第3期の納税義務の判定はどうなりますか。

　なお，法人Xは，合併又は分割により設立されたものではなく，資本金の額は設立時より500万円であり，特定新規設立法人に該当するものではありません。

　また，○1年4月30日から○2年3月31日までの第1期の課税売上高は，950万円でした。

ANSWER

　法人Xは，課税事業者選択届出書を提出しておらず，資本金の額が500万円であり，合併があった場合の納税義務の免除の特例又は分割があった場合の納税義務の免除の特例の適用を受けるものではなく，特定新規設立法人にも該当していません。

　したがって，第2期の納税義務の有無は特定期間における課税売上高により，第3期の納税義務の有無は基準期間における課税売上高及び特定期間における課税売上高によって判定することになります。

　また，法人Xは，月の末日に設立しているので，第2期の特定期間となる6月の期間について，第3期の基準期間となる第1期の月数について，それぞれ留意する必要があります。

　なお，国税通則法10条1項3号は，期間の計算について，「月又は年の始めから期間を起算しないときは，その期間は，最後の月又は年においてその起算

日に応当する日の前日に満了する。ただし、最後の月にその応当する日がないときは、その月の末日に満了する。」と定めています。

1　基準期間における課税売上高

(1) 法人の基準期間

　法人の基準期間は、その事業年度の前々事業年度です。

　ただし、その前々事業年度が1年未満である法人については、その事業年度開始の日の2年前の日の前日から同日以後1年を経過する日までの間に開始した各事業年度を合わせた期間が、基準期間となります（消法2①十四）。

(2) 基準期間における課税売上高

　基準期間における課税売上高とは、基準期間中に国内において行った課税資産の譲渡等の対価の額の合計額から、その基準期間中に行った売上対価の返還等の金額の合計額を控除した残額をいいます（消法9②一）。

　この場合、基準期間において課税事業者であった場合は、課税資産の譲渡等の対価の額は、消費税及び地方消費税を含まない金額となります。課税売上げに係る売上対価の返還等の金額についても、原則として税抜きの金額としますが、免税事業者であった課税期間において行った課税資産の譲渡等について、課税事業者となった基準期間において売上げに係る対価の返還等を行った場合には、その返還した対価については、税抜きの処理は行わず、返還した金銭等の全額を基準期間の課税資産の譲渡等の対価の額の合計額から控除します（消基通14－1－6）。

　また、基準期間が1年でない法人においては、その残額をその基準期間に含まれる事業年度の月数の合計数で除し、これに12を乗じて計算した金額が、基準期間における課税売上高となります（消法9②二）。

　この場合の月数は、暦に従って計算し、1か月に満たない端数を生じたときは、これを1か月として計算します（消法9③）。

QUESTION 57　月の末日に設立した場合の第1期の月数

区分	基準期間における課税売上高
基準期間において課税事業者	課税売上高＋免税売上高－対価の返還等の金額 　　（税抜き）　　　　　　　　　　（原則として税抜き）
基準期間において免税事業者	課税売上高＋免税売上高－対価の返還等の金額 　　（税込み）　　　　　　　　　　　　（税込み）
基準期間が1年でない法人	上記の残額の12か月相当額

2　特定期間における課税売上高

(1)　法人の特定期間

　法人の特定期間は，その事業年度の前事業年度の開始の日以後6月の期間となります（消法9の2④二）。

　ただし，特定期間における課税売上高の計算が煩雑になることを避けるため，「6月の期間の特例」が設けられており，法人の特定期間となる6月の期間の末日は，その前事業年度の終了の日に合わせることとされています（消法9の2⑤）。この特例により，6月の期間の末日は，次のように調整されます。

　(ア)　前事業年度終了の日が月の末日である場合において，6月の期間の末日が月の末日でないときは，6月の期間の末日の属する月の前月末日が6月の期間の末日とみなされます（消法9の2⑤，消令20の6①一）。

　(イ)　前事業年度終了の日が月の末日でない場合において，6月の期間の末日が前事業年度の終了応当日でない場合には，その6月の期間の末日の直前の終了応当日が6月の期間の末日とみなされます（消法9の2⑤，消令20の6①二）。

区　分		特定期間の末日
(ア)	前事業年度終了の日が月の末日である場合	6月の期間の末日が月の末日でないときは，その前月末日となる
(イ)	前事業年度終了の日が月の末日でない場合	6月の期間の末日が前事業年度の終了応当日でないときは，6月の期間の末日の直前の終了応当日となる

193

※ 暦の上で他の年，他の月の同じ位置にある日をその日に応当する日（応当日）といいます。「前事業年度の終了応当日」とは，その前事業年度終了の日に応当するその前事業年度に属する各月の日です（消令20の6①二）。
※ 6月の期間の末日において予定している事業年度によるため，その後に事業年度を変更した場合は，変更前の事業年度終了の日によってこの特例を適用します（消令20の6①）。
※ 6月決算法人である場合，1年決算法人が第1期又は第2期に事業年度を変更した場合や連続して事業年度を変更した場合には，その事業年度の前々事業年度開始の日の日以後6月の期間が特定期間となる場合があります（消法9の2④三）。

(2) 特定期間における課税売上高

特定期間における課税売上高とは，特定期間中に国内において行った課税資産の譲渡等の対価の額の合計額から，特定期間中に行った売上対価の返還等の金額の合計額を控除した残額をいいます（消法9の2②）。

区分	基準期間における課税売上高
特定期間において課税事業者	課税売上高＋免税売上高－対価の返還等の金額 （税抜き）　　　　　　　　　　（原則として税抜き）
特定期間において免税事業者	課税売上高＋免税売上高－対価の返還等の金額 （税込み）　　　　　　　　　　　　（税込み）

この計算は，基準期間における課税売上高の計算と同じです。

ただし，基準期間における課税売上高は，法人の基準期間が1年でない場合には12か月相当額に換算しますが，特定期間における課税売上高は，特定期間が6か月でない場合であっても6か月相当額に換算する規定はありません。

また，実際の課税売上高に代えて，特定期間中に支払った給与等の金額の合計額をもって，特定期間における課税売上高とすることができます（消法9の2③）。

「給与等」とは，所得税法28条1項に規定する給与等です（消法9の2③，所法226①）。俸給，給料，賃金，賞与その他これらの性質を有する給与で（所法28①），その支払いを受ける者において，給与所得の収入金額となるものをいい，「給与等の金額」とは，所得税法施行規則100条1項1号に規定する支払明細書に記載すべき給与等の金額をいいます。したがって，所得税の課税対象

QUESTION 57 月の末日に設立した場合の第1期の月数

とされる給与，賞与等が該当し，所得税が非課税とされる通勤手当，旅費等は該当せず，未払額は含まれません（消基通1－5－23）。

基準期間	特定期間		判定
基準期間における課税売上高が1,000万円以下	課税売上高が1,000万円以下	給与等の金額の合計額が1,000万円以下	免税事業者
		給与等の金額の合計額が1,000万円超	免税又は課税いずれの判断も可能
	課税売上高が1,000万円超	給与等の金額の合計額が1,000万円以下	
		給与等の金額の合計額が1,000万円超	課税事業者

3 法人Xの第2期の納税義務の判定

法人Xの第2期には基準期間がありません。したがって，特定期間における課税売上高により納税義務の判定を行います。

(1) 第2期の特定期間

法人Xの第2期の前事業年度である第1期の開始の日，すなわち設立の日は，〇1年4月30日です。

国税通則法10条1項3号の規定，「月又は年の始めから期間を起算しないときは，その期間は，最後の月又は年においてその起算日に応当する日の前日に満了する。」という定めに従って計算してみると，設立の日である4月30日を起算日とする6か月後の応当日は10月30日，その前日は，10月29日です。そうすると，上記 **2**(1)(ア)の「前事業年度終了の日が月の末日である場合において，6月の期間の末日が月の末日でないとき」に該当することとなり，「6月の期間の末日の属する月の前月末日が6月の期間の末日」とみなされ，6月の期間の末日は〇1年9月30日に調整されます。したがって，第2期の特定期間は，〇1年4月30日から〇1年9月30日までの期間となります。

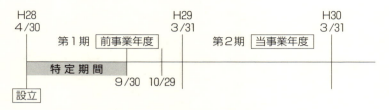

(2) 第2期の特定期間における課税売上高

　法人Xの第1期の課税売上高は，950万円です。したがって，特定期間である〇1年4月30日から9月30日までの期間の課税売上高は，当然に1,000万円以下となります。

　ただし，特定期間中に支払った給与等の金額の合計額が1,000万円を超える場合には，これをもって特定期間における課税売上高が1,000万円を超えるものと判定することもできます。

4　法人Xの第3期の納税義務

　第3期においては，基準期間における課税売上高により納税義務の判定を行い，基準期間における課税売上高が1,000万円以下である場合には，さらに，特定期間における課税売上高による判定を行います。

(1) 第3期の基準期間

　法人Xの第3期の前々事業年度である第1期は1年未満ですから，第3期の事業年度開始の日（平成30年4月1日）の2年前の日の前日（〇1年4月1日）から1年を経過する日までの間に開始した事業年度が基準期間となります。この間に開始している事業年度は第1期です。したがって，第1期が基準期間となります。

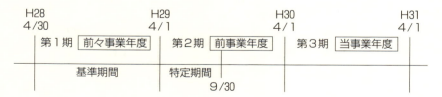

(2) 第3期の基準期間における課税売上高

　上述のとおり，国税通則法10条1項3号は，「月又は年の始めから期間を起算しないときは，その期間は，最後の月又は年においてその起算日に応当する日の前日に満了する。」と定めています。

　また，基準期間が1年でない法人において，12か月相当額に換算して基準期間における課税売上高を計算する場合の月数は，暦に従って計算し，1月に満たない端数を生じたときは，これを1月とするものとされています（消法9③）。

　法人Xの設立の日である4月30日の応当日の前日を見ていくと，5月29日，6月29日，7月29日，8月29日，9月29日，10月29日，11月29日，12月29日，1月29日，2月28日，3月29日となり，余った3月30日から31日までの期間は1つの月とみなされ，4月30日から起算して翌年3月31日までの月数は，12ということになります。

　したがって，第3期の基準期間における課税類上高は，1,000万円以下となります（950万円×12／12＝950万円≦1,000万円）。

　なお，ご参考までに，例えば，事業年度の末日が9月30日である法人を10月31日に設立した場合は，10月31日の応当日の前日を見ていくと，11月30日，12月30日，……9月30日となり，余りはないので，10月31日から9月30日までの月数は，11ということになります。

　このように，法人を月末に設立した場合は，その設立の月及び決算の月の大小によって月数の計算が変化することになるので注意が必要です。

(3) 第3期の特定期間における課税売上高

　第3期の前事業年度開始の日以後6月の期間は，○3年4月1日から9月30日までの期間です。これを特定期間として，特定期間における課税売上高を算出します。

QUESTION 58

第1期の期中に増資した場合の新設法人の判定

　個人事業者Yは，毎年の課税売上高が1億円程度であり，消費税の課税事業者でした。平成29年1月10日に，資本金10万円で法人Xを設立し，個人事業者Yが行っていた事業を引き継ぎました。

　設備投資等に資金が必要となった場合，第1期中に増資することを検討していますが，資本金を1,000万円以上に増資した場合には，法人Xは第1期において消費税の納税義務が免除されないこととなるのでしょうか。

　なお，個人事業者Yの親族等はいずれも事業を営まず，法人Xのほかに，個人事業者Y及びその親族等が支配する法人はありません。

ANSWER

1　新たに設立された法人の納税義務の免除の特例

　法人の基準期間はその事業年度の前々事業年度とされています。ただし，新たに設立された法人については，基準期間がないという理由でその事業規模にかかわらず免税事業者になるとすれば，制度の趣旨に沿わない適用関係となってしまうため，次のような特例が設けられています。

(1)　新設法人の納税義務の免除の特例

　その事業年度の基準期間がない法人のうち，その事業年度開始の日における資本金の額又は出資の金額が1,000万円以上である法人を「新設法人」といいます。「新設法人」は，基準期間がない事業年度に含まれる各課税期間において，納税義務は免除されません（消法12の2①）。

　　※　新設法人には，社会福祉法人その他の専ら非課税資産の譲渡等を行うことを目的として設立された法人は含まれません。

(2)　特定新規設立法人の納税義務の免除の特例

　新規設立法人のうち，その基準期間がない事業年度開始の日（新設開始日）

において特定要件に該当し、かつ、判定対象者の新設開始日の属する事業年度の基準期間に相当する期間における課税売上高として計算した金額が5億円を超えるものを「特定新規設立法人」といいます。「特定新規設立法人」は、基準期間がない事業年度に含まれる各課税期間において、納税義務は免除されません（消法12の3①）。

  ※　「新規設立法人」とは、その事業年度の基準期間がない法人で、(1)の「新設法人」及び社会福祉法人その他の専ら非課税資産の譲渡等を行うことを目的として設立された法人に該当しない法人をいいます。
  ※　「特定要件」とは、他の者により新規設立法人の発行済株式の総数の50％を超える数の株式が直接又は間接に保有される場合等、他の者により新規設立法人が支配される場合をいいます。
  ※　「判定対象者」とは、新規設立法人が特定要件に該当する旨の判定の基礎となった者のうち株主等であるもの及びその特殊関係法人をいいます。

(3)　特定期間における課税売上高による納税義務の免除の特例

　その事業年度に係る特定期間における課税売上高が1,000万円を超えるときは、その事業年度において、納税義務は免除されません（消法9の2①）。

  ※　「特定期間」とは、原則として、その事業年度の前事業年度開始の日以後6月の期間をいいます（消法9の2④）。

(4)　合併又は分割等があった場合の判定

　法人が合併又は分割等により事業を承継した場合において、基準期間及び特定期間がないとき又は基準期間における課税売上高及び特定期間における課税売上高が1,000万以下であるときは、「合併があつた場合の納税義務の免除の特例」（消法11）、「分割等があつた場合の納税義務の免除の特例」（消法12）により、被合併法人又は分割法人の課税売上高を考慮して納税義務を判定することになります。

2　調整対象固定資産又は高額特定資産の仕入れ等をした場合の特例

　納税義務の免除の適用については、平成22年度、平成25年度、平成28年度の改正により、次の特例が設けられています。

(1) 調整対象固定資産を取得した場合

① 課税事業者を選択した事業者がその2年間の継続適用期間中に,

② 新設法人に該当する事業者がその基準期間がない課税期間中に,

③ 特定新規設立法人に該当する事業者がその基準期間がない課税期間中に,調整対象固定資産の仕入れ等を行い一般課税により申告した場合には,事業を廃止した場合を除き,その調整対象固定資産の仕入れ等の日の属する課税期間の翌課税期間から,その仕入れ等の日の属する課税期間の初日以後3年を経過する日の属する課税期間までの各課税期間においては,納税義務は免除されず,簡易課税制度を適用することもできません（消法9⑦,12の2②,12の3③）。

(2) 高額特定資産を取得した場合

課税事業者が,高額特定資産の仕入れ等を行い一般課税により申告した場合には,その高額特定資産の仕入れ等の日の属する課税期間の翌課税期間から,その仕入れ等の日の属する課税期間の初日以後3年を経過する日の属する課税期間までの各課税期間においては,納税義務は免除されず,簡易課税制度を適用することもできません（消法12の4①）。

3 法人Xの納税義務の判定

法人Xは,個人事業者Yが100％出資して資本金10万円で設立された株式会社であり,個人事業者Yは,毎年の課税売上高が1億円程度です。また,個人事業者Yの親族等はいずれも事業を営まず,法人Xのほかに,個人事業者Y及びその親族等が支配する法人はないとのことですので,法人Xについて,「合併があった場合の納税義務の免除の特例」（消法11）,「分割等があった場合の納税義務の免除の特例」（消法12）,「特定新規設立法人の納税義務の免除の特例」（消法12の3）の適用はありません。

また,「新設法人の納税義務の免除の特例」（消法12の2）の適用に当たっては,その事業年度開始の日における資本金の額により判定することとされています。消費税の納税義務が免除されない場合は,消費税等の転嫁を踏まえて販売価格を設定し,納税義務を履行するため法令に定められた事務を行う必要が

QUESTION 58　第1期の期中に増資した場合の新設法人の判定

あり，その課税期間において納税義務が免除されるかどうかは，その事業者自身がその課税期間が開始するまでに判断しておかなければなりません。したがって，新設法人の判定は，事業年度開始の日の資本金の額によるのであり，事業年度が開始した後に増資又は減資があっても，それにより判定が変わることはありません。

　法人Xが第1期において1,000万円以上に増資した場合には，第1期は「新設法人の納税義務の免除の特例」はなく免税事業者となり，第2期は「新設法人の納税義務の免除の特例」により課税事業者となります。

QUESTION 59

第2期の期首に減資した場合の新設法人の判定

　法人Xは，〇1年5月10日に，その事業年度を4月1日から翌年3月31日までの1年とし，資本金1,000万円で設立した株式会社です。設立後〇1年7月1日に資本金を500万円に減資し，同日，事業年度を7月1日から翌年6月30日までに変更しました。
　この場合，法人Xの消費税の納税義務はどのように判定したらいいでしょうか。
　なお，法人Xの設立は，合併や分割等によるものではなく，株主等及び株主等が支配する法人に課税売上高が5億円を超えるものはありません。
　また，課税事業者選択届出書を提出した事実はありません。

ANSWER

　法人Xは，合併や分割等の企業組織再編成によって設立された法人ではなく，株主等及び株主等が支配する法人に課税売上高が5億円を超えるものはないとのことですので，「特定新規設立法人の納税義務の免除の特例」，「合併があった場合の納税義務の免除の特例」，「分割等があった場合の納税義務の免除の特例」の適用はありません。
　その設立当初の納税義務の判定は，次のようになります。

1　第1期の納税義務

　法人Xは，資本金1,000万円で設立された株式会社です。設立事業年度については基準期間及び特定期間は存在しませんが，事業年度開始の日の資本金の額が1,000万円以上であるため「新設法人」に該当し，第1期は消費税の課税事業者となります。

2 第2期の納税義務

　法人Xは，第1期中の〇1年7月1日に資本金の額を500万円とし，同日，事業年度を7月1日から翌年6月30日までに変更しています。この場合の納税義務の判定については，2つの考え方があると思われます。

　資本金の額の減少（減資）は，原則として株主総会の特別決議により行われ，その効力が発生する日もその決議によって定めることになり，債権者保護手続きの期間中に異議を述べた債権者がない場合には，その定めた効力発生日に減資の効力が生じます。すなわち，〇1年7月1日の午前零時に，その効力が生ずるということになります。

　他方，消費税の新設法人に該当するかどうかは，その事業年度開始の日の資本金の額により判定することとされています。その趣旨は，消費税の納税義務が免除されない場合は，消費税の納税を踏まえて販売価格を設定する必要があり，また，納税義務を履行するため法令に定められた事務を行う必要があるため，その課税期間において納税義務が免除されるかどうかは，その事業者自身がその課税期間が開始するまでに判断しておかなければならないというものです。したがって，その事業年度が開始する瞬間の資本金の額によることとなります。ここで，「開始する前」ではなく「開始する瞬間」と表現したのは，設立事業年度には「開始する前」に判断することは不可能であり，同じ規定に服する第2期においても，第1期の終了の時ではなく，第2期が開始する時と解するべきと考えられるからです。

　そうすると，減資の効果が発生する瞬間と納税義務を判定する瞬間が同時になるので，どちらを優先するかという問題になりますが，その優先劣後を定める規定は存在しません。したがって，減資前の資本金の額によって判定するということも，減資後の資本金の額によって判定するということも，解釈上，成り立つと考えられます。

　なお，第1期が次に該当する場合には，第2期は課税事業者となります。

- 調整対象固定資産の仕入れ等を行い一般課税により申告した場合
- 高額特定資産の仕入れ等を行い一般課税により申告した場合

3　第3期の納税義務

　第3期の基準期間は第1期です。第1期は，〇1年5月10日から〇1年6月30日までであり，1年ではありません。したがって，次の算式により12か月に換算した基準期間における課税売上高が1,000万円を超える場合には，課税事業者となります。

| 基準期間における課税売上高 | ＝ | 基準期間中に国内において行った課税資産の譲渡等の対価の額の合計額から売上げに係る税抜対価の返還等の金額の合計額を控除した残額 | ÷ 2 × 12 |

　また，基準期間における課税売上高が1,000万円以下であっても，特定期間における課税売上高が1,000万円を超える場合には，納税義務は免除されません。

　なお，第1期が次に該当する場合には，第3期においても引き続き課税事業者となります。

- ● 調整対象固定資産の仕入れ等を行い一般課税により申告した場合
- ● 高額特定資産の仕入れ等を行い一般課税により申告した場合

QUESTION 60

相次相続の場合の納税義務の判定

　昨年父が亡くなり、母がその不動産賃貸事業を承継しました。ところが、本年母が亡くなり、私がその不動産賃貸事業を承継しました。

　私の消費税の納税義務は、父の一昨年の課税売上高によって判定されるのでしょうか。

　父の賃貸事業を相続するまで、母も私も事業を営んだことはありません。

　各年の課税売上高は、次のとおりです。

区分	前々年	前年 （第一次相続の年）	本年 （第二次相続の年）
父の課税売上高 （第一次相続の被相続人）	1,500万円	700万円	－
母の課税売上高 （第二次相続の被相続人）	－	800万円	400万円
私の課税売上高 （第二次相続の相続人）	－	－	1,100万円

ANSWER

1 平成15年度の改正

　平成15年度税制改正前、消費税法施行令21条2項は、次のとおり、相次相続があった場合に、第二次相続の相続人の納税義務の判定に当たっては、第一次相続の被相続人の基準期間における課税売上高を加えて判断する旨を規定していました。

> **旧消費税法施行令21条2項**
>
> 　その年又はその年の前年若しくは前々年において相続があった場合において，そのいずれかの年において当該相続に係る被相続人が相続（以下この項において「第一次相続」という。）により事業を承継した事実があるときにおける法第10条第1項又は第2項の規定の適用については，これらの規定に規定する被相続人の基準期間における課税売上高は，当該被相続人の当該基準期間における課税売上高と当該第一次相続に係る被相続人の当該基準期間における課税売上高（法第9条第1項に規定する基準期間における課税売上高をいう。次条第6項において同じ。）との合計額とする。

　しかし，平成15年度の税制改正において，事業者免税点が3,000万円から1,000万円に引き下げられたことに伴い，制度の簡素化等の観点から，消費税法施行令21条2項は削除され，この取扱いは，平成16年3月31日をもって廃止されました。

　したがって，貴方は，納税義務の判定に当たって，父の基準期間における課税売上高を考慮する必要はありません。

2　納税義務の判定

(1)　本年1月1日から母の相続が開始した日までの期間

　第二次相続の相続人（貴方）は事業を営んでいないため，消費税の納税義務者ではありません。

(2)　相続開始の日の翌日から本年12月31日までの期間

　第二次相続の相続人（貴方）は，基準期間において事業を営んでいなかったため，基準期間における課税売上高はありません。また，特定期間における課税売上高もありません。

　第二次相続の被相続人（母）は，基準期間において事業を営んでいなかったため，基準期間における課税売上高はありません。

　第一次相続の被相続人（父）の基準期間における課税売上高1,500万円は，

貴方の納税義務の判定に影響しません。

(3) 判　　　定

貴方は，本年1年間を通して免税事業者となり，母から相続した不動産の賃貸事業について，消費税の申告を行う義務はありません。

	前々年	前年 父の相続（第1次相続）		本年 母の相続（第2次相続）
父	1,500万円	800万円		
母	0円	0円	700万円　300万円	
子	0円	0円		1,200万円 免税事業者
	基準期間	特定期間		

207

QUESTION 61

不動産賃貸事業を承継する相続人が確定しない場合の納税義務

　私の父は，不動産賃貸業を営む消費税の課税事業者（課税売上高は毎年1,600万円）でしたが，本年6月に亡くなりました。

　相続人は，私と妹の2人です。

　2人とも仕事が忙しく，遺品の整理や財産の分割協議を年内に行うのは難しいため，とりあえず私が貸しビルの管理を任され，その賃料は私の預金口座に入金しています。この場合，私と妹の所得税及び消費税の申告はどうしたらいいのでしょうか。

　私と妹は，いずれも給与所得者であり，事業を行ったことはありません。

ANSWER

1　所得税の取扱い

　所得税法12条は，実質所得者課税の原則を定めていますが，所得税基本通達12-1は，「資産から生ずる収益を享受する者がだれであるかは，その収益の基因となる資産の真実の権利者がだれであるかにより判定すべきであるが，それが明らかでない場合には，その資産の名義者が真実の権利者であるものと推定する。」としており，不動産所得は，その賃貸の用に供している不動産の所有者に帰属することになります。

　また，民法898条（共同相続の効力）は，「相続人が数人あるときは，相続財産は，その共有に属する。」と規定しています。

　したがって，相続財産について遺産分割が確定していない場合，その相続財産は各共同相続人の共有に属するものとされ，その相続財産から生ずる所得は，各共同相続人にその相続分に応じて帰属するものとなります。

　貴方は，遺産分割協議を行うまでの間，相続財産である賃貸ビルの管理を任

QUESTION 61　不動産賃貸事業を承継する相続人が確定しない場合の納税義務

され，その賃料を貴方の預金口座に入金しているとのことですが，そのような場合であっても，遺産分割が確定するまでは，その不動産所得は，貴方と妹にその法定相続分に応じて帰属することになり，それぞれが所得税の申告することとなります。

　なお，平成17年9月8日の最高裁判決では，「遺産分割は，相続開始の時にさかのぼってその効力を生ずるものであるが，各共同相続人がその相続分に応じて分割単独債権として確定的に取得した賃料債権の帰属は，後にされた遺産分割の影響を受けないものというべきである。」とされました。分割の日までの期間に生じた法定果実は，分割協議の対象ではなく，法定相続分により各相続人が取得することとなり，遺産分割協議が整い，分割が確定した場合であっても，その効果は未分割であった期間の所得の帰属に影響を及ぼすものではありません。

　したがって，分割の確定を理由とする更正の請求や修正申告を行うことはできません。

2　消費税の取扱い

(1)　課税資産の譲渡等の帰属

　消費税においても，所得税において行った判断に準じて，その事業を行う者を判断することになり，遺産分割が確定するまでは，相続財産である不動産の貸付けによって生じる課税資産の譲渡等は，その法定相続分に応じて貴方と妹に帰属することになります。

(2)　消費税の納税義務

　事業者は，国内において行った課税資産の譲渡等につき，消費税を納める義務がありますが，その課税期間に係る基準期間における課税売上高が1,000万円以下である事業者については，納税義務を免除されます（消法5①，9①）。

　ただし，免税事業者又は事業を行っていない個人が，相続により，課税事業者が行っていた事業を承継した場合については，次のとおり，納税義務の免除の特例が設けられています（消法10，消基通1－5－4）。

① その年に相続があった場合

　その年において相続があった場合において，免税事業者である相続人又は事業を行っていない相続人が，その基準期間における課税売上高が1,000万円を超える被相続人の事業を承継したときは，その相続人のその相続のあった日の翌日からその年12月31日までの間における課税資産の譲渡等については，納税義務は免除されません。

② その年の前年又は前々年に相続があった場合

　その年の前年又は前々年において，相続により被相続人の事業を承継した相続人のその年の基準期間における課税売上高が1,000万円以下である場合において，その相続人のその基準期間における課税売上高とその相続に係る被相続人のその基準期間における課税売上高との合計額が1,000万円を超えるときは，その相続人のその年における課税資産の譲渡等については，納税義務は免除されません。

③ 共同相続である場合の判定

　共同相続である場合について，消費税法基本通達1－5－5は，次のように示しています。

> **消費税法基本通1－5－5（共同相続の場合の納税義務）**
>
> 　法第10条第1項又は第2項《相続があった場合の納税義務の免除の特例》の規定を適用する場合において，2以上の相続人があるときには，相続財産の分割が実行されるまでの間は被相続人の事業を承継する相続人は確定しないことから，各相続人が共同して被相続人の事業を承継したものとして取り扱う。この場合において，各相続人のその課税期間に係る基準期間における課税売上高は，当該被相続人の基準期間における課税売上高に各相続人の民法第900条各号《法定相続分》（同法第901条《代襲相続人の相続分》から第903条《特別受益者の相続分》までの規定の適用を受ける場合には，これらの各条）に規定する相続分に応じた割合を乗じた金額とする。

QUESTION 61　不動産賃貸事業を承継する相続人が確定しない場合の納税義務

　この取扱いは，民法898条が，相続人が数人あるときの相続財産は，その共有に属するものと規定していることを踏まえ，事業の承継についても，各相続人が共同してその事業を承継したものとして取り扱うことを示したものです。

④　**貴方と妹の納税義務**

　貴方の父が行っていた事業は，不動産の賃貸であり，その事業は，その賃貸している不動産を取得した者が承継したことになります。

　しかし，相続人が多忙であることから，未だ遺産分割が行われておらず，未分割の状態となっています。したがって，消費税法基本通達１－５－５により，貴方と妹が共同して父の事業を承継したものとして取り扱われ，父の基準期間における課税売上高を法定相続分に応じた割合を乗じた金額が1,000万円以下（1,600万円×１／２＝800万円）となることから，貴方と妹はいずれも本年において免税事業者となります。

QUESTION 62

不動産賃貸事業につき遺産分割が行われた年の納税義務

前問において，相続が開始した翌年に遺産の分割が行われ，私が貸しビルの全てを取得した場合，私は，その分割をした年において課税事業者となりますか。

ANSWER

1 消費税創設当時の考え方

共同相続である場合において，相続人が事業を承継した年の納税義務の判定は，消費税創設当時から，民法909条の分割の遡及効が影響するという考え方がありました。

> 民法909条（遺産の分割の効力）
> 　遺産の分割は，相続開始の時にさかのぼってその効力を生ずる。ただし，第三者の権利を害することはできない。

すなわち，相続開始の翌年以後に遺産分割が確定した場合であっても，遺産分割の効果は相続開始の時に遡及するので，事業の承継についても，相続開始の日に事業承継があったものとして納税義務を判定するというものです。これによれば，賃貸不動産の分割があった年の納税義務は，各相続人の基準期間における課税売上高と，被相続人の基準期間における課税売上高のうち承継した賃貸不動産に係る部分の課税売上高との合計額を1,000万円と比較して判定することになります。

2 平成24年の文書回答事例

しかし，消費税は，事業者が販売する商品やサービスの価格に含まれて転嫁していくものであり，課税事業者となる場合には，消費税法に規定する帳簿の

QUESTION 62　不動産賃貸事業につき遺産分割が行われた年の納税義務

記載などが必要となることから，その課税期間において課税事業者に該当するかどうかは，事業者自身がその課税期間が開始する前に判断しておく必要があります。

　そうすると，前年以前に相続があり，その年において遺産の分割が行われ，相続人が承継する賃貸不動産が確定した場合には，その年についての納税義務は，その年の前年12月31日の現況に基づいて判定するべきであると考えられます。したがって，分割があった年の納税義務は，各相続人の基準期間における課税売上高と，被相続人の基準期間における課税売上高のうち法定相続人に応じた部分の課税売上高との合計額を1,000万円と比較して判定することになります。その年において分割があったことは，その年の納税義務の判定に影響しませんから，分割があっても，貴方は納税義務の有無の判定をやり直す必要はありません。

　これによれば，分割をした年の貴方の納税義務は，貴方の基準期間における課税売上高と，父の基準期間における課税売上高を法定相続分に応じた割合を乗じた金額との合計額（1,600万円×１／２＝800万円）により判定することとなり，その金額が1,000万円以下であることから免税事業者となります。

　この判断は，平成24年９月18日の東京国税局による文書回答事例「前年に相続があった場合の共同相続人の消費税の納税義務の判定について」において明らかにされました。

QUESTION 63

不動産賃貸事業につき相続があった年に遺産分割が行われた場合の納税義務

　前々問において，相続が開始した年は，未分割であることから，相続人の納税義務は，被相続人の基準期間における課税売上高に法定相続分に応じた割合を乗じた金額により判定することとなり，私と妹はいずれも免税事業者になるとのことでした。

　また，前問においては，その課税期間において課税事業者に該当するかどうかは，事業者自身が，その課税期間が開始する前に判断しておく必要があることから，相続があった年の翌年に遺産分割が行われた場合の納税義務の判定は，その前年の12月31日の現況によるとのことでした。

　そうすると，本年（相続が開始した年）の年末までに妹と話をすることができて，分割が行われた場合には，どうなるのでしょうか。

ANSWER

1　再判定は不要

　消費税は，事業者が販売する商品やサービスの価格に含まれて転嫁していくものですから，課税事業者となる場合には，その納税義務を踏まえた対価を受領する必要があり，消費税法に規定する帳簿の記載なども必要となります。したがって，その課税期間において課税事業者に該当するかどうかは，事業者自身が，その課税期間が開始する前に判断しておかなければなりません。

　共同相続において，事業を承継する相続人が確定していないことから，いったん免税事業者になると判断した場合には，その後，その相続があった年に分割が行われたときであっても，その分割の結果による再判定をする必要はありません。免税事業者になると判断した場合は，消費税等相当額を対価に上乗せしないで課税資産の譲渡等を行い，消費税の申告に必要な帳簿の記載を行って

QUESTION 63　不動産賃貸事業につき相続があった年に遺産分割が行われた場合の納税義務

いないことが想定され，消費税の申告に必要な準備ができないと考えられるからです。

2　平成27年の文書回答事例

　これは，平成27年3月24日の大阪国税局による文書回答事例「相続があった年に遺産分割協議が行われた場合における共同相続人の消費税の納税義務の判定について」において明らかにされました。

　この文書回答事例は，次のような事実関係となっています。

> **事前照会に係る取引等の事実関係**
> (1)　本件相続に係る相続人は，被相続人の妻（私の母），私及び私の妻を含む6人の子（養子を含む。）の計7人で，この相続に遺言はありません。
> 　共同相続人は，会社員あるいは無職の者であるため，いずれの者も平成24年分の課税売上高はありません。
> 　被相続人は平成26年2月に亡くなり，その後，同年（平成26年）中に遺産分割協議が成立し，被相続人が営んでいた不動産賃貸業（貸店舗等）を私が3分の2，私の妻が3分の1の持分で承継することとなりました。
> 　被相続人の平成24年分における課税売上高は，1,700万円です。
> 　なお，当該課税売上高は，貸店舗等に係る賃貸収入で構成されるものです。
> (2)　遺産の分割が行われるまでの間，被相続人が営んでいた事業に供されていた不動産は被相続人名義のままであり，その管理は，遺産の分割前（筆者注：「遺産の分割前」は「相続開始前」ではないかと思われます）と同様に不動産管理法人に委託していました。
> 　この不動産賃貸業については，遺産の分割が行われるまでは，民法第898条の規定のとおり，相続財産は相続人の共有に属するという認識の

> 下，共同相続人が共同して事業を営んでおり，不動産賃貸業から生ずる収入は，共同相続人の了承の下，便宜上，私の口座に入金していました。

　この事例において，照会者は，未分割として判定をすると免税事業者となり，分割の結果による再判定を行うと課税事業者となりますが，消費税の納税義務者に該当するかどうかは，事業者自らが事前に予知しておく必要があり，また，相続財産が未分割の場合における納税義務の判定は，消費税法基本通達１－５－５において法定相続分に応じた割合によることとされていることから，

> 　消費税法第10条の適用に当たっては，事業者が，判定時点での適正な事実関係に基づき消費税関係法令等の規定に従って納税義務が判定されたものである場合にはその判定が認められるものと解するのが相当であると考えます。
> 　したがって，私の場合には，当初に判定したとおり免税事業者に該当するものと取り扱って差し支えないと考えます。

と照会し，大阪国税局は，「御照会に係る事実関係を前提とする限り，貴見のとおりで差し支えありません。」と回答しています。

3　事業の承継の事実認定

　この文書回答事例は，不動産賃貸業に係る照会であることに注意する必要があるでしょう。資産から生ずる収益は，その収益の基因となる資産の権利者に帰属するので，不動産賃貸業に係る事業は，その賃貸する不動産を承継する者が承継することになります。しかし，例えば物品販売業である場合には，必ずしもその事業を承継する者がその事業の用に供される資産（棚卸資産以外の資産）を相続によって取得するとは限りません。事業を承継する者が確定していないかどうかは，相続開始の後において，民法898条の規定のとおり，相続財産は相続人の共有に属するという認識の下で共同相続人が共同して事業を営んでいた事実があるかどうかによって判断しなければなりません。

QUESTION 64

土地の貸付けを行っている個人が建物の貸付けを開始した場合の課税事業者の選択

　個人Xは，法人Aの役員です。従来，法人Aに対し，法人Aが所有する社屋の敷地として土地を貸し付けており，給与収入の他に，土地の賃貸収入があります。

　かねて，この土地とは別に不動産賃貸業を行いたいと考えていたところ，○1年2月に，取引先の不動産業者からテナントビルBの購入を勧められ，3月に土地の対価3,000万円，建物の対価900万円（外消費税等72万円）でこれを購入し，その賃貸収入を得るようになりました。

　個人Xは，○2年中に課税事業者選択届出書を提出して，還付申告を行うことができるでしょうか。

ANSWER

1 課税事業者を選択した場合の納税義務の免除の特例

　その課税期間に係る基準期間における課税売上高が1,000万円以下である者は，原則として，その課税期間中に国内において行った課税資産の譲渡等及び特定課税仕入れにつき，消費税を納める義務が免除されます（消法9①）。これを「事業者免税点制度」といいます。

　事業者免税点制度には，多くの特例が設けられており，そのうちの1つに，事業者自らが納税義務の免除の規定の適用を受けないことを選択する課税事業者選択の特例があります。課税事業者選択届出書をその納税地を所轄する税務署長に提出すると，その提出をした日の属する課税期間の翌課税期間から課税事業者となります（消法9④）。ただし，その提出をした日の属する課税期間が事業を開始した日の属する課税期間等である場合には，課税事業者選択届出書の効力は，その提出をした日の属する課税期間から生ずるものとされていま

す（消法9④）。

　事業を開始した日の属する課税期間等の範囲は，次のように定められています（消令20）。

> ①　事業者が国内において課税資産の譲渡等に係る事業を開始した日の属する課税期間
> ②　個人事業者が相続により課税事業者を選択していた被相続人の事業を承継した場合におけるその相続があった日の属する課税期間
> ③　法人が吸収合併により課税事業者を選択していた被合併法人の事業を承継した場合におけるその合併があった日の属する課税期間
> ④　法人が吸収分割により課税事業者を選択していた分割法人の事業を承継した場合におけるその吸収分割があった日の属する課税期間

　上記①について，「課税資産の譲渡等」とは，資産の譲渡等のうち，消費税法6条1項の規定により非課税となるもの以外のものをいい，土地の貸付けは，非課税とされています（消法2①九，6①，別表第1一）。

　個人Xは，テナントビルBを購入するまでは，非課税資産の譲渡等である土地の貸付けしか行っておらず，〇1年3月に初めて課税資産の譲渡等に当たるテナントビルBの貸付けを行うこととなりました。したがって，〇1年が課税資産の譲渡等に係る「事業を開始した日の属する課税期間」となり，〇1年中に課税事業者選択届出書を提出することにより，〇1年から消費税の課税事業者として，消費税の申告を行うことができます。

　なお，課税事業者選択届出書を提出した日の属する課税期間が事業を開始した日の属する課税期間等である場合であっても，課税事業者選択届出書に適用開始課税期間の初日の年月日を明確に記載することにより，その届出書を提出した課税期間の翌課税期間から課税事業者を選択することもできます（消基通1-4-14）。

QUESTION 64 土地の貸付けを行っている個人が建物の貸付けを開始した場合の課税事業者の選択

2 調整対象固定資産を取得した場合の納税義務の免除の特例

　課税事業者選択届出者を提出した事業者は，その効力が生じた日から２年を経過する日までの間に開始した各課税期間中に調整対象固定資産の仕入れ等を行い，一般課税により申告した場合には，事業を廃止した場合を除き，その調整対象固定資産の仕入れ等の日の属する課税期間の初日から３年を経過する日の属する課税期間の初日以後でなければ，課税事業者選択不適用届出書及び簡易課税制度選択届出者を提出することができません（消法９⑦，37③一）。

　平成28年度の税制改正により，「高額特定資産を取得した場合の納税義務の免除の特例」が創設されましたが，上記の「調整対象固定資産を取得した場合の納税義務の免除の特例」が廃止されたわけではありません。

　個人Ｘが購入したテナントビルの建物の対価は900万円ですから，「高額特定資産を取得した場合の納税義務の免除の特例」の適用はありませんが，「調整対象固定資産を取得した場合の納税義務の免除の特例」の対象となり，少なくとも○3年までは，継続して一般課税により申告を行うことになります。

　課税事業者を選択する場合は，この点を考慮した検討が必要です。

QUESTION 65

課税資産の譲渡等に係る事業を開始した日

　歯科医院に勤務していた歯科医師Xは，独立して新たに歯科医院Aを開業するため，〇1年8月6日以後，インターネット上のオークションに出品された歯科診療用の材料や器具を順次購入していました。その後，同年9月1日に，建設業者Bと建物建築工事請負契約を締結して，歯科医院として使用する建物の建築を開始しました。

　〇2年1月，この建物が完成してその引渡しを受け，「個人事業の開業・廃業届出書」に開業の日を〇2年2月1日と記載して提出した上で，実際に〇2年2月1日に診療を開始しました。

　歯科医師Xは，〇2年中に，〇2年2月1日を「課税資産の譲渡等に係る事業を開始した日」として課税事業者選択届出書を提出し，〇2年から課税事業者となり還付申告を行うことができるでしょうか。

ANSWER

1　課税資産の譲渡等に係る事業を開始した日

　課税事業者選択の制度においては，原則として，課税選択届出書を提出した日の属する課税期間の翌課税期間から課税事業者となることとされていますが，新たに事業を開始する場合においては，その開始前に課税事業者選択届出書を提出することができないため，その提出をした日の属する課税期間から課税事業者となる機会が与えられています（消法9④）。

　「事業を開始した日」は，消費税法施行令20条1項1号において「課税資産の譲渡等に係る事業を開始した日」と定められており，「課税資産の譲渡等を開始した日」とは規定されていません。

　「課税資産の譲渡等に係る事業を開始した日」は，必ずしも課税資産の譲渡等（課税売上げ）が最初に発生した課税期間であるとは限りません。新たに事

業を行うに当たっては，その事業を遂行するために必要な資産の取得契約の締結や商品及び材料の購入など，課税資産の譲渡等の前提となる準備行為を行うのが通常です。この課税資産の譲渡等を行うために必要な準備行為を行った日の属する課税期間は，「課税資産の譲渡等に係る事業を開始した日」の属する課税期間に該当するものと解されています。

そして，ある行為が事業を遂行するために必要な準備行為であるか否かは，個々の行為だけではなく，一連の行為を全体として判断すべき場合もあり，一連の行為が全体として事業に係る準備行為であると認められる場合には，その最初の行為が行われた日をもって「課税資産の譲渡等に係る事業を開始した日」であると判断すべきものと考えられます。

2 歯科医師Ｘが事業を開始した日

歯科医師Ｘは，〇１年８月６日から，歯科医院Ａにおいて使用するため，インターネット上のオークションに出品された歯科診療用の材料や器具を購入し，同年中である〇１年９月１日には，歯科医院Ａを開業する建物を建築するため，建設業者Ｂとの間で建物建築工事請負契約を締結しています。これらの行為は，歯科診療業務の開始に向けた一連の行為の一部であり，それら一連の行為が全体として歯科医業に係る準備行為であると認められます。

そうすると，「課税資産の譲渡等に係る事業を開始した日」は，「個人事業の開業・廃業届出書」に歯科医院の開業日として記載して実際に診療を開始した〇２年２月１日ではなく，また，建物建築請負工事契約の締結日である〇１年９月１日でもなく，歯科医院Ａにおける歯科診療業務に使用するための材料及び器具の購入の開始日である〇１年８月６日であると考えられます。

したがって，〇２年中に課税事業者選択届出書を提出した場合には，その届出の効力は，提出をした日の属する課税期間の翌課税期間から生じることとなります。

なお，インターネットオークションによる備品の購入については，それが課税資産の譲渡等の準備行為であるかどうかの事実認定が困難である場合も多い

と思われます。したがって，仮にその購入が事業として行ったものでないとするならば，診療所の建物建築請負工事契約を締結した日が課税資産の譲渡等にかかる事業を開始した日となります。

> 【参照】
> ・　平成24年６月21日裁決【日税連税法データベース（タインズ）コード　Ｊ87－6－21】

QUESTION 66

免税事業者が還付申告をした場合の過少申告加算税の賦課

　法人Xは、○1年4月1日から○2年3月31日までの課税期間（以下「○1年課税期間」といいます）の消費税及び地方消費税につき、還付税額を1,300万円とする確定申告書を○2年5月31日に提出しました。

　しかし、○1年課税期間の基準期間における課税売上高は1,000万円以下であり、課税事業者選択届出書も提出していなかったことから、還付申告は誤りであったことに気がつきました。そこで、○2年9月19日、所轄税務署長に対し、確定申告書の提出を撤回する旨の取下書を提出しました。

　ところが、11月になって、○1年課税期間の消費税について還付金の額を0円とする更正処分及び、還付申告額の15％（50万円までの部分については10％）の過少申告加算税1,925,000円を賦課決定する処分を受けました。

　法人Xは、免税事業者であり、消費税の確定申告書を提出する義務も還付申告書を提出する権利も有していません。したがって、国税通則法65条によって過少申告加算税が課せられる者として定められている「当該納税者」に該当しません。また、「当該納税者」に該当する場合であっても、

① 法人Xは自らが消費税の免税事業者であることの認識を欠き、還付金の交付を受けられるものと誤信して確定申告をしたこと

② 確定申告自体に何らの偽りや隠ぺい等はなく、不正な意図による還付請求とは認められないこと

③ 法人Xにおいて仮に自らが免税事業者であると認識していれば、消費税課税事業者選択届出書を提出することにより、確定申告に係る還付金の交付を受けることが可能であったこと

④　法人Xは，更正処分がされる前に確定申告書の取下書を提出し，これが受理されていること

からすれば，法人Xには，過少申告加算税を課せられない「正当な理由」が存在すると考えます。この過少申告加算税の賦課決定処分は，誤りではないでしょうか。

ANSWER

1　確定申告の効力

　申告納税方式においては，納付すべき税額は，納税者の申告があれば，特に税務署長において更正をする場合を除き，その申告によって確定し，納税者は申告に係る税額を納付すべき義務を負うものとなります（国税通則法16①一。最高裁昭和42年5月26日第二小法廷判決・訟務月報13巻8号990頁）。すなわち，私人が，自ら納税義務を負担する納税者であるとして申告をした場合においては，その者に対する実体法上の課税要件が客観的には存在しないときであっても，その申告行為に租税債権関係に関する形成的効力が与えられ，税額の確定された具体的な納税義務が成立することになります。

　そうすると，法人Xは，確定申告を行ったことにより，○1年課税期間に係る消費税等の具体的な納税義務を負うものとなり，その結果，税務署長は，法人Xに対し，申告書に記載された還付金の額に相当する額1,300万円の還付義務を負担することとなります（消法52①）。

　法人Xは，所轄税務署長に対して取下書を提出したことをもってその申告書の提出がなかったことになるとお考えのようですが，取下げによって申告行為の撤回が法的に許される場合があるとしても，法人Xが取下書を提出したのは法定申告期限が経過した後であり，そのような場合には当たらないものと考えるべきでしょう。

QUESTION 66　免税事業者が還付申告をした場合の過少申告加算税の賦課

2　更正処分

　国税通則法24条は，「税務署長は，納税申告書の提出があった場合において，その納税申告書に記載された課税標準等又は税額等の計算が国税に関する法律の規定に従っていなかったとき，その他当該課税標準等又は税額等がその調査したところと異なるときは，その調査により，当該申告書に係る課税標準等又は税額等を更正する」と定めています。

　法人Xは，○1年課税期間においては免税事業者であり，消費税の確定申告書を提出する義務はなく（消法45①），還付申告書を提出する権利もありません（消法46①）から，納付すべき消費税額や，還付金の額に相当する消費税額は生じません。にもかかわらず，法人Xが提出した確定申告書には，還付金の額に相当する消費税額が記載されていますから，確定申告書が消費税法の規定に従って計算されていないことは明らかです。

　したがって，所轄税務署長が行った更正処分は，適法なものであるといわざるを得ません。

3　過少申告加算税の賦課決定処分

　国税通則法65条1項は，期限内申告書（還付請求申告書を含む。）が提出された場合において，修正申告書の提出又は更正があったときは，「当該納税者」に対し，過少申告加算税を課する旨を定めています。

　法人Xは，確定申告を行った時点で免税事業者であった，すなわち消費税等の納税義務者ではなかったことから，ここにいう「当該納税者」には該当しないとお考えのようです。しかし，上述のとおり，私人が，自ら納税義務を負担する納税者であるとして申告をした場合においては，その者に対する実体法上の課税要件が客観的には存在しないときであっても，その申告行為に租税債権関係に関する形成的効力が与えられ，税額の確定された具体的な納税義務が成立することになりますから，法人Xは，確定申告書を提出することによって，国税通則法65条1項に定める「当該納税者」に該当するものとなったことになります。

4 「正当な理由」があるかどうか

　修正申告書の提出が，その国税についての調査があったことにより更正があるべきことを予知してされたものでなく，調査通知がある前に行われたものである場合には，過少申告加算税は課せられません（通則法65⑤）。

　また，国税通則法65条4項1号は，その修正申告又は更正について「正当な理由があると認められる」場合には，その正当な理由があると認められる事実に基づく税額については，過少申告加算税の計算から除外する旨を定めています。

　過少申告加算税は，過少申告による納税義務違反の事実があればその違反者に対し課されるものであり，これによって，当初から適法に申告し納税した納税者との間の客観的不公平の実質的な是正を図るとともに，過少申告による納税義務違反の発生を防止し，適正な申告納税の実現を図り，もって納税の実を挙げようとする行政上の措置です。

　このような過少申告加算税の趣旨に照らせば，これを免除する「正当な理由があると認められる」場合とは，真に納税者の責めに帰することのできない客観的な事情があり，過少申告加算税の趣旨に照らしても，なお，その納税者に過少申告加算税を賦課することが不当又は酷になる場合をいうものと解されます（最高裁平成18年4月20日第一小法廷判決・民集60巻4号1611頁，最高裁18年4月25日第三小法廷判決・民集60巻4号1728頁）。

　法人Xが主張する事情は，結局のところ，法人X自身の責めに帰すべき税法の不知，誤解又は事実誤認であって，「正当な理由があると認められる」場合に該当するというのは難しいと考えられます。

　法人Xは，自身が課税事業者でないと気がついた時点で，確定申告書の取下書ではなく，修正申告書を提出するべきであったと考えられます。

> 【参照】
> ・　東京地裁平成23年8月29日判決【日税連税法データベース（タインズ）コードZ261-11738】

QUESTION 67

物品販売業を廃止した翌年に開始した不動産賃貸

　私は，物品販売業を行っていましたが，業績が低迷し，近年は，消費税の免税事業者となっており，昨年4月に廃業しました。廃業に当たっては，同業者に，商品在庫は150万円，店舗建物は900万円，その敷地は2,000万円で売却しました。

　その後，不動産業者から不動産賃貸事業を進められ，本年8月に貸しビルを2億960万円（建物1億2,960万円，土地8,000万円）で購入し，購入と同時に賃貸事業を開始しました。賃料は，年間1,800万円程度になると見込んでいます。

　私は，課税事業者選択届出書を提出していませんが，この貸しビルの購入に係る課税仕入れについて還付申告を行うことができるでしょうか。

ANSWER

1 納税義務の免除

　事業者は，国内において行った課税資産の譲渡等につき，消費税を納める義務があります（消法5①）。

　ただし，その課税期間に係る基準期間における課税売上高が1,000万円以下である者については，原則として，その課税期間中に国内において行った課税資産の譲渡等につき，消費税を納める義務が免除されます（消法9①）。一般に，この取扱いにより消費税を納める義務が免除される事業者を「免税事業者」と呼び，これに対し，納税義務が免除されない事業者を「課税事業者」と呼んでいます。

2 納税義務の免除の特例

　納税義務の免除については，多くの別段の定めが設けられており，例えば，

前年における課税売上高による納税義務の免除の特例があります。

　その課税期間の特定期間における課税売上高が1,000万円を超える場合には，個人事業者のその年又は法人のその事業年度における課税資産の譲渡等及び特定課税仕入れについては，納税義務は免除されません（消法9の2①）。

　個人事業者の特定期間は，その年の前年1月1日から6月30日までの期間です（消法9の2④一）。事業を開始した時期にかかわりなく，また，事業の種類に変更があった場合であっても，その年の前年1月1日から6月30日までの期間が特定期間となります。

　特定期間における課税売上高とは，特定期間中に国内において行った課税資産の譲渡等の対価の額の合計額から，特定期間中に行った売上げに係る対価の返還等の金額を控除した残額をいいます（消法9の2②）。ただし，特定期間中に支払った所得税法231条1項に規定する支払明細書に記載すべき給与等の金額の合計額をもって，特定期間における課税売上高とすることもできます（消法9の2③）。

3　高額特定資産を取得した場合の特例

　課税事業者が，一般課税により確定申告書を提出する課税期間中に高額特定資産の仕入れ等を行った場合には，その高額特定資産の仕入れ等の日の属する課税期間の翌課税期間から，その高額特定資産の仕入れ等の日の属する課税期間の初日以後3年を経過する日の属する課税期間までの各課税期間においては，納税義務の免除の規定は適用されません（消法12の4①）。また，この間は，簡易課税制度を適用することもできません（消法37③三）。

　「高額特定資産」とは，棚卸資産及び調整対象固定資産のうち，一の取引の単位（通常一組又は一式をもって取引の単位とされるものにあっては，一組又は一式）に係る課税仕入れに係る支払対価の額のうち税抜価額に相当する金額，特定課税仕入れに係る支払対価の額又は保税地域から引き取られる当該対象資産の課税標準である金額が1,000万円以上であるものをいいます（消令25の5①）。

QUESTION 67 物品販売業を廃止した翌年に開始した不動産賃貸

この取扱いは，平成28年4月1日以後に高額特定資産の仕入れ等を行った場合について適用されます（改正法附則32①）。ただし，平成27年12月31日までに締結した契約に基づき，平成28年4月1日以後に高額特定資産の仕入れ等を行った場合には，適用の対象から除かれます（改正法附則32②）。

4 本年の課税関係

貴方は，本年の前年4月において，在庫となっていた商品を150万円で，店舗建物を900万円で，その敷地を2,000万円で同業者に売却しており，そのうち商品の売却及び店舗建物の売却は，事業者が国内において行った課税資産の譲渡等に該当します。

前年においては免税事業者であったため，これらの課税資産の譲渡等につき，消費税等を課税されていませんから，これらの課税資産の譲渡等に伴って収受した金銭等の全額が特定期間における課税売上高になります（消基通1－4－5）。

したがって，貴方の本年に係る特定期間における課税売上高は，1,050万円であり，貴方は本年において課税事業者となるので，貸しビルの購入について，課税仕入れに係る支払対価の額となる1億2,960万円を控除対象仕入税額の計算の基礎に算入して，還付を受けるための申告を行うことができます。

5 簡易課税制度の選択

課税事業者が，簡易課税制度選択届出書を提出した場合には，その提出した日の属する課税期間の翌課税期間以後の課税期間（その基準期間における課税売上高が5,000万円を超える課税期間及び分割等に係る課税期間を除く）については，控除対象仕入税額は，みなし率を適用して計算することとなります（消法37①）。

なお，簡易課税制度選択届出書を提出した日の属する課税期間が事業を開始した日の属する課税期間である場合には，その事業を開始した日の属する課税期間において簡易課税制度選択届出書の効力が生じることとなりますが，その

229

簡易課税制度選択届出書において適用開始課税期間の初日の年月日を明確にすることによって，その課税期間の翌課税期間から簡易課税制度を選択することもできます（消法37①，消基通13－1－5）。

　貴方が本年8月に取得した貸しビルの建物は，高額特定資産に該当します。したがって，上記**3**の取扱いにより，本年の初日から3年が経過するまでは簡易課税制度を適用することはできません。

QUESTION 68

事業者でない者が提出した課税事業者選択届出書の効力

　私は、会社に勤務する給与所得者ですが、X1年以後は、次のような取引及び消費税に関する手続を行っています。
① 〇1年2月15日、同年より適用を開始する旨の課税事業者選択届出書を提出しました。
② 〇1年4月、観光旅行で訪問したイタリアで、カードホルダー5個を購入し、同年12月頃、自身がアカウントを登録（5年前に登録）しているインターネットサイトのCオークションに出品しました。しかし、落札されなかったため、X1年及びX2年に家事消費したものとして、課税売上げに計上しました。その後、Cオークションは利用していません。
③ 〇1年、〇2年及び〇3年において、購入した書籍を、毎年一度売却し、課税仕入れと課税売上げを計上しました。
④ 〇3年11月19日、ホテル仕様の土地建物をA社から購入し、同日、B社との間で、ホテル営業の目的で使用する条件で3年間の賃貸借契約を締結し、翌月より賃貸を開始しました。なお、X1年12月には、「不動産投資」に関する書籍を購入しています。

　私は、上記の事実に基づき、〇1年、〇2年及び〇3年の各年について、消費税の還付申告書を提出し、還付を受けています。
　ところが、〇5年3月に税務署から、各年の還付税額を0円にする更正処分及び過少申告加算税を賦課決定する処分が通知されました。
　私の手続に誤りがあったのでしょうか。

ANSWER

1 消費税の課税の対象

　国内において事業者が行った資産の譲渡等は，消費税の課税の対象となります（消法4①）。「資産の譲渡等」とは，事業として対価を得て行われる資産の譲渡及び貸付け並びに役務の提供をいいます（消法2①八）。

　また，「個人事業者が棚卸資産又は棚卸資産以外の資産で事業の用に供していたものを家事のために消費し，又は使用した場合における当該消費又は使用」は，事業として対価を得て行われた資産の譲渡とみなされます（消法4⑤一）。

2 消費税法における事業者

　消費税法上の「事業」とは，その規模を問わず，対価を得て行われる資産の譲渡及び貸付け並びに役務の提供が反復，継続，独立して行われることをいうものと解されています（消基通5－1－1）。

　また，「事業者」とは，個人事業者及び法人をいい（消法2①四），「個人事業者」とは，事業を行う個人をいうものと規定されています（消法2①三）。このことからすれば，消費税法は，「事業を行う個人」（事業者）と，それ以外の「個人」とを区別しているということがわかります。

3 個人が提出する課税事業者選択届出書

　個人について，消費税の納税義務を見てみると，消費税を納める義務が免除される者は，課税売上高が1,000万円以下である事業を行う個人（事業者）です（消法9①）。また，同条4項は，「第1項本文の規定により消費税を納める義務が免除されることとなる事業者が，…第1項本文の適用を受けない旨を記載した届出書を…提出した場合には，…同項本文の規定は，適用しない」としており，この規定は，事業を行う個人（事業者）から課税事業者選択届出書が提出された場合は，その当該事業を行う個人（事業者）は，免税事業者ではな

QUESTION 68　事業者でない者が提出した課税事業者選択届出書の効力

く課税事業者となる，ことを定めているといえます。

　そうすると，事業者に該当しない個人が，課税事業者選択届出書を提出した場合は，消費税法9条4項の規定の適用はないということになります。そして，その個人がその提出した日の属する課税期間後に事業者に該当することとなったとしても，該当することとなった日の属する課税期間以後の課税期間において，改めて選択届出書を提出しない限り，消費税法9条4項の適用は認められないと解するべきでしょう。

4　事業を開始した日の属する課税期間

　消費税法9条4項括弧書は，選択届出書を提出した日の属する課税期間が事業を開始した日の属する課税期間である場合には，例外として，新たに事業を開始した事業者に対して，その事業を開始した日の属する課税期間から課税事業者となることを選択する機会を与えることを定めています。

　新たに事業を開始するに当たっては，その事業を遂行するために必要な準備行為（資産の取得契約の締結や商品及び材料の購入など，課税資産の譲渡等に係る事業の前提となる行為）を行うのが通常であると考えられます。したがって，個人が，事業を遂行するために必要な準備行為を行った場合には，その準備行為を行う個人は事業者に該当し，また，その課税期間は，「課税資産の譲渡等に係る事業を開始した日」（消令20一）の属する課税期間に該当することとなります。

5　実体上の義務が履行されていない届出の効果

　行政手続法において，「届出」とは，行政庁に対し一定の事項の通知をする行為（申請を除く）であって，法令により直接にその通知が義務付けられているものをいいます（行政手続法2七）。また，同法37条は，届出書の記載事項に不備がないこと，届出書に必要な書類が添付されていることその他の法令に定められた届出の形式上の要件に適合している場合は，その届出が法令により提出先とされている機関の事務所に到達したときに，その届出をすべき手続上

の義務が履行されたものとする旨を規定しています。

　これは，行政機関に対し，形式上の要件に適合した届出書が到達したときの取扱い，すなわち手続上の義務を規定したものです。実体上の義務（真実の事柄を通知する義務）については，同法上，何ら規定されていないことからすれば，物理的に提出された又は形式上の要件に適合した届出を契機として個別法が認めている一定の効果の発生については，個別法の解釈に委ねられているものと解されます。

　そして，課税事業者選択届出書の提出が行政手続法2条7号に規定する届出に該当し，消費税法9条4項が事業者から選択届出書が提出された場合の効果について定めた規定であることからすると，課税事業者選択届出書が事業者以外の個人から提出されたものである場合は，その内容が事実又は法令に違反していることになり，実体上の義務が履行されていない届出に該当するものであって，その届出の実体的効果は生じないと解することになると考えられます。

6　カードホルダーの出品と家事消費

　貴方は，カードホルダーをCオークションに出品しましたが，特に宣伝広告を行うこともなく，カードホルダーは売却されていません。カードホルダーをオークションに出品したのは1回限りであり，他の手段によってカードホルダーを売却することもありませんでした。そうすると，貴方がカードホルダーをオークションに出品した行為は，反復，継続して行っていたものとはいえず，消費税法上の事業には該当しないと考えられ，したがって，カードホルダーの家事消費は，「個人事業者が棚卸資産又は棚卸資産以外の資産で事業の用に供していたものを家事のために消費し，又は使用した場合における当該消費又は使用」には当たりません。

7　中古書籍の売却

　貴方は，○1年，○2年及び○3年において，中古書籍を売却していますが，その回数は，各年においてそれぞれ1回限りであり，反復，継続していると評

QUESTION 68　事業者でない者が提出した課税事業者選択届出書の効力

価できる程度の行為であったとは考えられません。貴方が行った中古書籍の売却は，家事用資産の処分であるにすぎず消費税法上の事業には該当しないと考えられます。

8　不動産賃貸業務

　貴方は，○3年に，B社との間で，ホテル営業の目的で使用する条件で3年間の賃貸借契約を締結し，翌月より賃貸を開始しました。この不動産賃貸は，貴方の独立した行為であり，反復，継続して行われていることから，その規模を問わず，消費税法上の事業に該当します。

　ただし，○1年12月に行った「不動産投資」に関する書籍の購入は，賃貸借契約締結の約2年前に行われたものであり，不動産投資に関する市販の書籍にすぎないことからすると，その書籍の購入が，不動産の取得及び貸付けのための準備行為であると考えるのは困難です。

9　課税事業者選択届出書の効力

　上記のとおり，カードホルダーの出品と家事消費及び中古書籍の売却は，いずれも事業に該当せず，また，「不動産投資」に関する書籍の購入は，不動産賃貸業務の開業準備行為とは認められないため，貴方は，○1年及び○2年においては，消費税法に規定する事業者ではありません。

　○3年においては，不動産賃貸業務を遂行するために必要な不動産を取得し，その貸付けを開始しており，消費税法に規定する事業者に該当することとなります。

　貴方は，○1年に課税事業者選択届出書を提出していますが，○1年においては消費税法上の事業者ではありませんから，貴方が行った課税資産の譲渡等の提出は，事業者以外の個人からされた届出であるということになり，実体上の義務が履行されていない届出であり，その届出の実体的効果は生じていないということになります。そして，消費税法上の事業者に該当することとなる○3年については，①基準期間において事業を行っておらず，基準期間における

課税売上高がないこと，②特定期間において事業を行っておらず，特定期間における課税売上高がないこと，③〇1年に行った課税事業者選択届出書は事業者ではない個人から提出されたものであること，④不動産賃貸業務を開始した〇3年において改めて課税事業者選択届出書を提出していないことから，貴方は，〇3年において免税事業者となります。

したがって，貴方は，〇1年，〇2年及び〇3年のいずれについても，還付を行うための申告書を提出することはできないと解されます。

【参照】
- 平成27年6月11日裁決【日税連税法データベース（タインズ）コードJ99－5－14】

第7章
リバースチャージ方式

QUESTION 69

外国人タレント等に支払うギャランティ

　法人Xは，外国人歌手を日本に招き，コンサートに出演させるため，その企画及び運営を行っています。外国人歌手に支払うギャランティについての消費税の取扱いはどうなりますか。

ANSWER

1　コンサート出演等の役務の提供

　国内において事業者が行った資産の譲渡等は，消費税の課税の対象であり（消法4①），「資産の譲渡等」とは，事業として対価を得て行われる資産の譲渡及び貸付け並びに役務の提供をいいます（消法2①八）。

　資産の譲渡等が国内において行われたかどうかは，その資産の譲渡等が役務の提供である場合には，その役務の提供が行われた場所が国内にあるかどうかにより判断します（消法4③二）。

　また，課税仕入れとは，事業者が事業として他の者から資産を譲り受け，若しくは借り受け，又は役務の提供（所得税法28条1項に規定する給与等を対価とする役務の提供を除く）を受けることであり，当該他の者が事業として当該資産を譲り渡し，若しくは貸し付け，又は当該役務の提供をしたとした場合に課税資産の譲渡等に該当することとなるものに限るものとされています（消法2①十二）。

　俳優，音楽家その他の芸能人又は職業運動家（以下「タレント等」といいます）が，コンサートや舞台への出演，野球・サッカー・ゴルフなどのスポーツイベント等への出場等を行う役務の提供は，そのコンサート等の会場が日本国内であれば，国内において行う役務の提供に該当し，そのタレント等が国外の事業者（以下「外国人タレント等」といいます）であっても，国内取引として消費税の課税対象となります。

したがって、興行主が支払うギャランティは課税仕入れの対価であり、仕入税額控除の対象となります。

2 外国人タレント等の納税義務

事業者には、国内において行った課税資産の譲渡等につき、消費税を納める義務があります（消法5①）。基準期間における課税売上高が1,000万円以下である場合には、原則としてその納税義務は免除されますが（消法9①）、課税事業者を選択した場合や特定期間における課税売上高が1,000万円を超える場合等には納税義務は免除されません（消法9④、9の2①）。また、その事業者の住所や事務所等が国内にあるかどうかが、その納税義務の判断に影響することはありません。

したがって、日本で興行等を行うのが初めてではなく、その基準期間における課税売上高又は特定期間における課税売上高が1,000万円を超えることとなる外国人タレント等には、日本の消費税の納税義務者として申告納税を求めなければならないということになります。

3 リバースチャージ

しかし、こうした外国人タレント等は、一般的に、短期間で帰国することから、適切な申告納税を求めることには自ずと限界があります。そこで、平成27年度改正において、国内において外国人タレント等が行うコンサートへの出演等の役務の提供については、平成28年4月1日以後は、リバースチャージ方式によることとされました。

具体的には、国内において外国人タレント等が行うコンサートへの出演等の役務の提供（特定役務の提供）については、その特定役務の提供を行う外国人タレント等には、消費税の納税義務はありません。特定役務の提供を受けた事業者、すなわち、「特定課税仕入れ」を行った事業者が、その特定課税仕入れについて、売上げの税額と仕入れの税額の両方を認識して、申告納税を行います（消法2①八の二・八の四・八の五、4①、5①）。したがって、特定役務

の提供の対価として外国人タレント等に支払う報酬（ギャランティ）には，消費税相当分を上乗せしないで支払うことになります。

ただし，特定課税仕入れを行う事業者が，簡易課税による申告を行う場合，又は，その課税期間の課税売上割合が95％以上である場合には，その課税期間においては，特定課税仕入れはなかったものとみなされます（消法）。

【用語の定義】
① 「特定役務の提供」とは，資産の譲渡等のうち，映画若しくは演劇の俳優，音楽家その他の芸能人又は職業運動家の役務の提供を主たる内容とする事業として行う役務の提供のうち，国外事業者が他の事業者に対して行う役務の提供（当該国外事業者が不特定かつ多数の者に対して行う役務の提供を除く。）で，電気通信利用役務の提供に該当しないものをいいます（消法2①八の五，消令2の2）。
② 「特定課税仕入れ」とは，課税仕入れのうち，事業として他の者から受けた「特定資産の譲渡等」をいいます（消法4①，5①）。
③ 「特定資産の譲渡等」とは，「事業者向け電気通信利用役務の提供」及び「特定役務の提供」をいいます（消法2①八の二）。

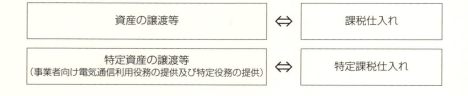

QUESTION 70

インターネットを利用して行う海外市場調査

　法人Ｘは，自社ブランドの海外向け商品を開発するために，外国法人Ａ社に市場調査を依頼しています。調査は，主としてインターネットによるモニターアンケートや公表資料の取集，電話取材等を行い，その結果を分析してリポートにまとめ，インターネットを利用して報告する，という契約になっています。

　この市場調査は，外国法人Ａ社が行う「事業者向け電気通信利用役務の提供」に該当し，リバースチャージ方式が適用されるのでしょうか。

　なお，外国法人Ａ社は，日本国内に支店等を設けていません。

ANSWER

1　役務の提供に係る内外判定の基準

　役務の提供が国内において行われたかどうかは，その役務の提供が行われた場所が国内であるかどうかにより判断します。ただし，「電気通信利用役務の提供」は，原則として，その「電気通信利用役務の提供」を受ける者の住所若しくは居所又は本店若しくは主たる事務所の所在地（以下「住所等」といいます）が国内にあるかどうかにより判断することとされています。また，消費税法施行令6条には，国際輸送や保険など，国内及び国内以外の地域にわたって行われる役務の提供や役務の提供が行われた場所が明らかでないものについて，それぞれ国内取引に該当するかどうかの判定基準が定められています。

【役務の提供に係る内外判定の基準】

区　分	判定場所
原則	役務の提供が行われた場所
電気通信利用役務の提供	その電気通信利用役務の提供を受ける者の住所等 ただし， ① 国外事業者が所得税法又は法人税法上の恒久的施設において受ける事業者向け電気通信利用役務の提供のうち，国内において行う資産の譲渡等に要するものについては，当該事業者向け電気通信利用役務の提供に係る特定仕入れが国内において行われたものとする。 ② 国内事業者が所得税法又は法人税法上の国外事業所等において受ける事業者向け電気通信利用役務の提供のうち，国外において行う資産の譲渡等にのみ要するものは，国外において行われたものとする。
国内及び国内以外の地域にわたって行われる旅客又は貨物の輸送	旅客又は貨物の出発地若しくは発送地又は到着地
国内及び国内以外の地域にわたって行われる通信	発信地又は受信地
国内及び国内以外の地域にわたって行われる郵便又は信書便	差出地又は配達地
保険	保険に係る事業を営む者（保険の契約の締結の代理をする者を除く）の保険の契約の締結に係る事務所等の所在地
専門的な科学技術に関する知識を必要とする調査，企画，立案，助言，監督又は検査に係る役務の提供で生産設備等の建設又は製造に関するもの	生産設備等の建設又は製造に必要な資材の大部分が調達される場所
上記以外で国内及び国内以外の地域にわたって行われる役務の提供その他の役務の提供が行われた場所が明らかでないもの	役務の提供を行う者の役務の提供に係る事務所等の所在地

QUESTION 70 インターネットを利用して行う海外市場調査

2　「電気通信利用役務の提供」

　「電気通信利用役務の提供」とは，「資産の譲渡等のうち，電気通信回線を介して行われる著作物の提供（当該著作物の利用の許諾に係る取引を含む。）その他の電気通信回線を介して行われる役務の提供（電話，電信その他の通信設備を用いて他人の通信を媒介する役務の提供を除く。）であって，他の資産の譲渡等の結果の通知その他の他の資産の譲渡等に付随して行われる役務の提供以外のもの」と定義されています（消法2①八の三）。

　具体的には，インターネット等の電気通信回線を介して行われる電子書籍・音楽，ソフトウエア（ゲーム等の様々なアプリケーションを含みます）の提供，クラウド上のソフトウエアやデータベースなどを利用させるサービス，ソフトウエアやゲームアプリなどをインターネット上で販売するための場所（WEBサイト）を利用させるサービス，インターネット等を通じた広告の配信，インターネットを介して行う英会話教室，電気通信回線を介してのみ行うコンサルテーションなどの役務の提供が，該当することになります。

　ただし，電気通信回線を介して行われる役務の提供が「他の資産の譲渡等の結果の通知その他の他の資産の譲渡等に付随して行われる役務の提供」である場合には，「電気通信利用役務の提供」に該当しません。

　また，その取引が「事業者向け電気通信利用役務の提供」に該当する場合には，提供を受ける事業者において「特定課税仕入れ」となり，リバースチャージ方式が適用されることとなります。

3　外国法人A社が行う市場調査

　例えば外国法人A社が，他の事業者の依頼によらず，自身が収集，分析等をした情報をウェブサイト上で閲覧させるなどインターネットを通じて利用させるのであれば，そのサービスは，「電気通信利用役務の提供」に該当します。

　しかし，外国法人A社は，法人Xの依頼を受けて市場調査を行い，収集した情報の分析等を行って，法人Xにその結果を提供しています。たとえ調査結果の報告が専らインターネットを介して行われたとしても，その行為は，市場調

査という役務の提供に付随した行為であり,「電気通信利用役務の提供」には該当しません。また,その調査の方法が,インターネットを駆使して行われたとしても,そのことによって,その市場調査が,「電気通信利用役務の提供」に該当するものでもありません。

　したがって,外国法人A社が行う市場調査は,原則として,その役務の提供が行われた場所が国内にあるかどうかにより判断することになります。

　ただし,市場調査は,その役務の提供を行った場所を特定することができない性質のものです。例えば,調査の対象となる地域が役務の提供の場所であるとはいえず,レポートの引渡しの場所が役務の提供の場所であるともいえません。そうすると,「国内及び国内以外の地域にわたって行われる役務の提供その他の役務の提供が行われた場所が明らかでないもの」に該当し,その役務の提供を行う者の役務の提供に係る事務所等の所在地が国内にあるかどうかにより,その内外判定を行うことになります（消令6②六）。

　したがって,日本国内に支店等を有しない外国法人A社が行う市場調査に係る役務の提供は,国外取引となり,法人Xにおいては,国内において行った課税仕入れに該当しません。

QUESTION 71

海外の研究室における電子ジャーナルの購入

　法人Xは，日本国内に本店を有する内国法人ですが，アメリカに研究所を有し，日本国内で販売する商品開発のための研究を行っています。この研究所では，外国法人A（法人税法上の外国法人）から，次のような年間供給契約に基づき，電子ジャーナルを購入しています。

- 電子ジャーナルの年間供給契約に基づき，契約において指定した専門誌の定期配信及びゼネラルマネージャーが選定した随時配信を受ける。
- 配信料は，一般の価格とは別に，契約においてあらかじめ取り決めた年間購入量に応じて変動する料率により計算する。
- 年間供給契約は，法人Xのアメリカ研究所が外国法人Aのボストン支店を介して締結しているが，サーバーの所在地は明らかにされていない。

この取引は，日本の消費税の課税の対象となりますか。

ANSWER

1　リバースチャージ方式と国外事業者申告納税方式

　国内事業者が行う電気通信利用役務の提供については，特別な課税方式はありません。

　他方，国外事業が行う「電気通信利用役務の提供」については，「事業者向け電気通信利用役務の提供」と「事業者向け電気通信利用役務の提供以外の電気通信利用役務の提供（以下「消費者向け電気通信利用役務の提供」といいます）に区分して課税方式が定められています。事業者向け電気通信利用役務の提供については，その提供を受ける事業者において「特定課税仕入れ」と認識し，特定課税仕入れを行った事業者が消費税の納税義務者となる，いわゆるリ

バースチャージ方式が適用されます（消法2①八の四、4①、5①、28②、45①一）。「事業者向け電気通信利用役務の提供」を行う国外事業者には、その「事業者向け電気通信利用それがリバースチャージ方式の対象となる取引であることをあらかじめ表示することとされています（消法62）。

また、国外事業者が行う「消費者向け電気通信利用役務の提供」については、国外事業者登録制度を前提とした国外事業者申告納税方式が適用されます。

この場合、国外事業者とは、所得税法に規定する「非居住者」（所法2①五）である個人事業者及び法人税法に規定する「外国法人」（法法2四）をいいます（消法2①四の二）。

2 取引の判断と課税方式

法人Xが行う電子ジャーナルの購入は、その電気通信利用役務の提供（電子ジャーナルの配信）を行う外国法人Aが国外事業者であるため、これを事業向け電気通信利用役務の提供又は消費者向け電気通信利用役務の提供に区分して、課税関係を整理することになります。

電子ジャーナルは、その専門性の高さや内容の如何にかかわらず、その電子ジャーナルにつき消費者からの申込みが行われた場合にその申込みを事実上制限できないものは、消費者向け電気通信利用役務の提供に区分することになります。

ただし、販売先を事業者に限定していない電子ジャーナルの取引であっても、一般に提供されている取引条件等とは別に、取引当事者間において提供する役務の内容を個別に交渉し、当事者間固有の契約を結ぶもので、契約において役務の提供を受ける事業者が事業として利用することが明らかであるものは、その取引条件等から、事業者向け電気通信利用役務の提供に該当することになります（消法2①八の四）。法人Xは、一般とは異なる個別の年間供給契約を締結し、これに基づいて、電子ジャーナルの配信を受けています。この年間供給契約による電子ジャーナルの購入は、事業者向け電気通信利用役務の提供（法人Xにおける特定課税仕入れ）に該当します。

QUESTION 71　海外の研究室における電子ジャーナルの購入

　また，法人Ｘは，日本国内に本店を有する内国法人であり，アメリカの研究所においては日本国内で販売する商品の開発を行っていますから，この電子ジャーネルの購入は，「国外事業所等において受ける事業者向け電気通信利用役務の提供のうち，国外において行う資産の譲渡等にのみ要するもの」に該当しません。したがって，この電子ジャーナルの購入は，国内において行った特定課税仕入れに該当し，リバースチャージ方式の対象となります。

　ただし，法人Ｘの課税売上割合が95％以上である場合又は簡易課税制度により申告を行う場合は，その特定課税仕入れはなかったものとなり，リバースチャージ方式は適用されません（平成27年改正法附則42，44②）。

QUESTION 72

リバースチャージ適用の判断時期

　法人Xは，3か月ごとに契約を更新するネットショップを利用して，物品販売業を営んでいます。ネットショップのシステム利用は，事業者向け電気通信利用役務の提供に該当するため，「リバースチャージ対象商品である」旨の表示がなされており，法人Xにおいては，特定課税仕入れとなります。

　法人Xの課税売上割合は，従来，95％以上ですが，期末に関係会社の株式を譲渡したことから，95％未満となりました。株式を譲渡する以前に更新して終了している契約に係る特定課税仕入れは，なかったものとしてよろしいですか。

ANSWER

1　リバースチャージ方式により申告を行う事業者の範囲

　国内事業者が平成27年10月1日以後に国外事業者から受けた「事業者向け電気通信利用役務の提供」については，その役務の提供を受けた国内事業者が，これを「特定課税仕入れ」とし，その支払対価の額を課税標準として，消費税及び地方消費税の申告・納税を行うこととなります（消法4①，5①，28②，45①一）。

　ただし，「事業者向け電気通信利用役務の提供」を受けた場合にリバースチャージ方式により申告を行う必要があるのは，一般課税により申告する事業者で，その課税期間における課税売上割合が95％未満の事業者に限られます（平成27年改正法附則42，44②）。

　すなわち，事業者が，特定課税仕入れを行った場合であっても，次のイ又はロに該当する課税期間については，その特定課税仕入れはなかったものとされ，リバースチャージ方式による申告を行う必要はなく，その仕入税額控除もあり

ません。
　イ　一般課税で，かつ，課税売上割合が95％以上の課税期間
　ロ　簡易課税制度が適用される課税期間

2　期末に生じた非課税売上げにより課税売上割合が95％未満となった場合

　法人Xにおいて，ネットショップのシステム利用と関係会社の株式の譲渡とは直接の関連がありません。また，法人Xは，期末に関係会社の株式を譲渡したことから非課税売上げが発生し，課税売上割合が95％未満となりましたが，システム利用契約は3か月ごとに更新しており，契約更新の時点では，課税売上割合が95％以上でした。したがって，システム利用に係る特定課税仕入れはなかったものとされ，リバースチャージ方式による申告を行う必要はない，と考えておられるようです。

　しかし，リバースチャージ方式による申告を行う必要があるかどうかは，課税期間ごとに判断することとなるため，一般課税により申告を行う事業者は，期末に行った株式の譲渡により課税売上割合が95％未満となった場合であっても，その課税期間において生じた全ての特定課税仕入れについて，リバースチャージ方式による申告を行う必要があります。

著者紹介

金井　恵美子（かない・えみこ）
税理士，近畿大学大学院法学研究科非常勤講師。全国の税理士会，研修機関等の講師を務める。著書に，『実務消費税ハンドブック』コントロール社，『消費税軽減税率の検証』『プロフェッショナル消費税の実務』清文社，『一夜漬け消費税』『一夜漬け相続税・贈与税』税務経理協会ほか。論文に，「所得税法第56条の今日的存在意義について」第26回日税研究賞入選，「所得税法における損失の取扱いに関する一考察『生活に通常必要な動産』と『生活に通常必要でない資産』の範囲」，「税率構造：軽減税率の法制化を踏まえて」ほか。

著者との契約により検印省略

平成31年3月30日　初版第1刷発行

消費税の実務事例Q＆A

著　　者	金　井　恵美子	
発行者	大　坪　克　行	
印刷所	税経印刷株式会社	
製本所	株式会社　三森製本所	

発行所　〒161-0033　東京都新宿区下落合2丁目5番13号　株式会社　税務経理協会

振替 00190-2-187408　　電話 （03）3953-3301（編集部）
FAX （03）3565-3391　　　　　（03）3953-3325（営業部）
URL http://www.zeikei.co.jp/
乱丁・落丁の場合は，お取替えいたします。

© 金井恵美子 2019　　　　　　　　　　　　　　Printed in Japan

本書の無断複写は著作権法上での例外を除き禁じられています。複写される場合は，そのつど事前に，（社）出版者著作権管理機構（電話 03-3513-6969，FAX 03-3513-6979，e-mail：info@jcopy.or.jp）の許諾を得てください。

JCOPY ＜（社）出版者著作権管理機構　委託出版物＞

ISBN978-4-419-06569-0　C3032